金刚经修心课

不焦虑的活法

费勇 著

华东师范大学出版社
·上海·

图书在版编目（CIP）数据

金刚经修心课：不焦虑的活法 / 费勇著. —— 上海：华东师范大学出版社, 2013.1
　ISBN 978-7-5675-0326-7
　Ⅰ.①金… Ⅱ.①费… Ⅲ.①佛教 – 人生哲学 – 通俗读物 Ⅳ.① B948-49
　中国版本图书馆 CIP 数据核字 (2013) 第 025133 号

金刚经修心课：不焦虑的活法

著　　者　费　勇
项目编辑　许　静　朱晓韵
审读编辑　舒小林
装帧设计　卢晓红

出版发行　华东师范大学出版社
社　　址　上海市中山北路 3663 号　邮编　200062
网　　址　www.ecnupress.com.cn
电　　话　021-60821666　行政传真　021-62572105
客服电话　021-62865537　门市（邮购）电话　021-62869887
门市地址　上海市中山北路 3663 号华东师范大学校内先锋路口
网　　店　http://hdsdcbs.tmall.com

印　刷　者　苏州工业园区美柯乐制版印务有限责任公司
开　　本　890 毫米 × 1240 毫米　1/32
印　　张　8
字　　数　120 千字
版　　次　2013 年 10 月第 1 版
印　　次　2025 年 5 月第 35 次
书　　号　ISBN 978-7-5675-0326-7/B.758
定　　价　49.00 元

出 版 人　王　焰

如发现本版图书有印订质量问题，请寄回本社客服中心调换或电话 021-62865537 联系

目 录

自 序
读懂《金刚经》，获得不为外界干扰的神奇力量　　001

《金刚经》学前课
18分钟读懂《金刚经》的来龙去脉　　005

第一部分
不焦虑的活法：金刚经修心课

第1课　修心，从专心吃饭开始　　**021**
- 此时此刻，你在想什么？　　022
- 修心，从专心吃饭开始　　024
- 任何地方都是你的修心道场　　026
- 如何让心安住于"此时此地"　　028
- 陶渊明式的醒悟　　030

第2课　心情烦躁时，马上深呼吸　　**033**
- 关注自己的呼吸，让心瞬间回归宁静　　034
- 今天困扰你的，也曾困扰过佛陀　　037
- 如何降伏内心的妄念　　042
- 须菩提的终极问题　　045

第3课　修广大心：从眼前的烦恼中解脱　　**047**
- 猫、狗、老虎也是众生　　048

- 随时随地的修心法门　　　　　　　　　　050
- 时间的奥秘与法则　　　　　　　　　　　052

第 4 课　修慈悲心：化解来自外界的伤害　055
- 什么是真正的慈悲心？　　　　　　　　　056
- 慈悲的神奇力量　　　　　　　　　　　　058
- 舍身喂鹰的萨波达国王　　　　　　　　　061
- 慈悲化解了一场战争　　　　　　　　　　063

第 5 课　修平等心：看透人生的本来面目　064
- 无分别心，就无烦恼　　　　　　　　　　065
- 世间是平等的，因为每个人都会死　　　　067
- 你我都拥有解脱的力量　　　　　　　　　068

第 6 课　最高修心法则：不执著，心平静　070
- 菩萨，就是不执著的众生　　　　　　　　071
- 《金刚经》最高修心法则：不执著　　　　073
- 放下不等于放弃　　　　　　　　　　　　076
- 不执著于观念，就不会受负面情绪的伤害　079

第 7 课　不要让实现目标的过程成为煎熬　082
- 赚钱是一种手段，不是生活的目的　　　　083
- 过河之后要拆桥　　　　　　　　　　　　085
- 目标可能成为你扫除焦虑的障碍　　　　　088
- 不要让实现目标的过程成为煎熬　　　　　091
- 如果你现在不休息，你就永远无法休息　　094

第 8 课　生死的秘密　　　　　　　　　　096
- 直面真相，是觉悟和解脱的开始　　　　　097
- 死亡的重要意义　　　　　　　　　　　　100
- 最终的真相　　　　　　　　　　　　　　103

- 什么最能束缚我们的心灵　　105
- 词语的本来面目　　107
- 我们迷恋的事物不可靠　　110
- 惠能的顿悟　　113
- 哭泣的牧羊人　　116

第9课　正见使人心静，偏见使人焦虑　　118
- 大多数人活在偏见里而不自觉　　119
- 佛陀的独特之处　　122
- 盲人摸象的深刻启示　　124
- 没有唯一的真理　　126
- 不要迷信别人的经验　　129
- 为什么要让别人定义你的成功呢？　　131
- 所有的观念都是偏见　　134

第10课　不要活在自我的牢笼里　　137
- 佛陀的基本思想，就是这四句话　　138
- 奇妙的无我之境　　140
- 一念向善，你就是佛　　142

第二部分
《金刚经》全文注音版

特别附录　明朝憨山大师解读《金刚经》的本源　209

自序

读懂《金刚经》
获得不为外界干扰的神奇力量

有一位经济学家从经济学的角度分析《金刚经》的理念，认为如果按照《金刚经》的理念去生活，实质上是以最低的成本获得最大的效益，并得出这么一个有趣的结论：如果没有经济学，这个世界照常运作；如果没有《金刚经》，这个世界也照常运作——但一定是以粗糙的、混沌的方式运作。

确实，对于个人而言，就算你没有读到《金刚经》，也一样活在这个世界上，生老病死，爱恨情仇，成败得失，或精彩或无聊，日子一天一天地过。如果你读懂《金刚经》，你也一样活在这个世界上，生老病死，爱恨情仇，成败得失，或精彩或无聊，日子一天天地过；不过，这个"过"里一定会有不同的旋律。

人生的终极秘密

如果你这样问：《金刚经》能够带来更多的钱财吗？能够带来

好的工作吗？能够治好绝症吗？我的回答是：不能。如果你想获得更多的钱财，你可以去学习金融，去学习商业，或其他什么营生；如果你想获得更好的工作，你可以去大学获得某个专业的文凭，去学习求职的技巧；如果你想治好你的病，你可以去医院找最好的医生、最好的药物。你可以运用你的专业知识，运用你的聪明获得钱财，获得好的工作；你可以借助最好的医疗条件获得最好的治疗。

但是，在你求取钱财的过程里，不会一帆风顺，你总会面对各种挫折各种障碍，成功之后你又要面对空虚和无聊，然后是新的欲求；你获得了很好的医疗，还是不能彻底解除病痛，还是要面对死亡。再多的钱财，不能买来爱情；再好的工作，不能保证你一生的平安；再好的医疗，不能治愈你的烦恼、痛苦，当死亡来临也一样无能为力。

《金刚经》不会告诉你怎么找工作、吃什么，但会告诉你：人生的终极秘密是什么？这个世界的真相是什么？万物变化的规律是什么？还会告诉你：如何改善自己的情绪？如何回到最纯净的心灵状态？如何面对突发状况生死？你为着一个世俗的目标奋斗，这没有什么问题。活在世间，除非出家，总是需要金钱，需要房子，需要工作，需要车子，等等。这些，你都可以努力去争取。只是你不能让你的争取变成一种苦役，不能让自己在争取的过程里成了焦虑的奴隶。活在世间，必得为谋生而劳作，但这个劳作一定不能是苦役，而是一种享受，在劳作中心生欢喜，每个当下都洋溢着生命的喜悦。

不为外界干扰的神奇力量

在劳作中享受到生命的喜悦，这是大部分的书籍不会教给你的，大部分的书籍教给你知识，让你变得聪明，但不会教给你智慧，让你变得喜悦。聪明的人很多，智慧的人很少。聪明的格局很小，所以叫小聪明；智慧的格局很大，所以叫大智慧。聪明的人往往执著于成功，也往往获得了所谓的成功，却总是在成功里迷失，最终还是在命运的迷雾里无所适从，焦虑万分。智慧的人不执著于成功，也不畏惧失败，在成败之外随心而动，拨开命运的迷雾，明白最终的去处。

如果你即将开始阅读《金刚经》，请试着把你的心空下来，把你各种习惯性的想法放在一边，以一种敞开的心态去阅读它。在敞开的阅读里，你会慢慢领悟到，《金刚经》没有任何结论，只是一种启迪，一种指引，指引你彻底地自我解放，从一切的成见里解放出来。你会惊奇地发现，《金刚经》确实没有教你如何理财、如何治病、如何在工作里有好的发展，但是，如果你诵读《金刚经》，并且践行其中的理念，哪怕只是最肤浅层面的理念，甚至你完全不能理解其中的含义，只是为它的文字所吸引，你都能够获得一种不为外界干扰的平静的力量。

当这种力量充满你的日常生活，你不会害怕失败，不会害怕生病，不会担心失业，不会恐惧死亡，不会在成功里迷失，不会在得到里无聊。如果你不再焦虑，不再害怕，不再担心，不再恐惧，如果你任何时候都保持清醒的觉知，任何时候都具有穿透的洞察力，那么，不论你在做什么，你都会用心投入，不论什么结果，你都会满心欢喜。

没有得到的时候，想要得到；已经得到的时候，想要守住。得到的欲望，守住的欲望，是人类基本的欲望。想要得到，就会担心失败；想要守住，就会害怕失去。这是人类最基本的心理问题：焦虑。怎样解决焦虑？《金刚经》指明了一条彻底的道路：不执著。只要对一切的对象不再执著，一切外界的对象就不会再对你构成不确定，甚至威胁，你就不会再有不安、担心、害怕，就不会再有焦虑。当你对一切的一切不执著，外在的一切不会让你焦虑，而会让你面对真相，回到自己，让你充满创造的活力。你不会再活在焦虑之中，你将活在自由和创造之中。

现在，请开始阅读本书，聪明的您一定会受益匪浅。

《金刚经》学前课

18分钟读懂《金刚经》的来龙去脉

《金刚经》说了什么?

《金刚经》的全名叫做《能断金刚般若波罗蜜经》(vájra-cchedikā-prajñā-pāramitā-sūtra),是佛教中非常非常重要的经典,是佛学的根本大法。

这部经讲的是什么呢?金刚(vájra)有两种意义:一是能穿透一切的迅猛的闪电,二是最坚固的钻石。**《金刚经》讲的,就是当各种烦恼来了,你能够像迅猛的闪电击穿烦恼,一下子就把烦恼看透,然后,你的心就像钻石那样,任何烦恼不能动摇它;当各种快乐来了,你能够像迅猛的闪电击穿快乐,一下子就把快乐看透,然后,你的心就像钻石那样,任何快乐不能动摇它。**

那么,如何才能像闪电那样一下子击穿各种现象看透存在的真相?如何才能像坚固的钻石那样不受任何事物或观念的干扰?《金刚经》告诉你,靠的是"般若波罗蜜","波罗蜜"意即"到彼岸","般若"意即"智慧",合起来,就是:如何到彼岸的智慧。

《金刚经》说的是,通过如何到彼岸的智慧断除世间的种种虚妄,获得最终的解脱。所以,《金刚经》是一本讲智慧的经书,讲"般若波罗蜜"的书。这就是为什么佛教里要特别用"般若"这样一个词,因为佛教所讲的智慧,和我们一般理解的不一样,我们常常说生活的智慧,从佛教的角度看,不过是聪明,不过是用来谋生的那点手段、策略。有许多讲如何发财如何升官的书,用了智慧这个词,其实讲的是聪明,并非智慧。

智慧在佛教里的意思是:明白世间的一切道理并且对于世间的一切没有什么留恋只是一心寻求着最高的精神境界。佛教所说的智慧,处理的是如何到彼岸这样的事情,而非世间的事情。当然,如果你把如何到彼岸弄明白了,那么,应付世间的种种不过雕虫小技而已。

《金刚经》讲般若,所以,在佛经里属于般若经,就是讲大智慧的经,出自《大般若经》。唐代玄奘编译的《大般若经》有六百卷,收入了十六种经典,《金刚经》是其中的一种,而且很可能是最早的般若经。

释迦牟尼当年在四个地方分十六次法会讲完了般若。第一次法会到第六次法会,再加上第十五次法会,是在王舍城灵鹫峰上进行的。第七次法会、第八次法会、第九次法会、第十一次到第十四次法会,在舍卫国祇树给孤独园,第九次法会讲的就是《金刚经》。第十次法会进行的地方不在尘世,在他化自在天天宫。第十六次法会在王舍城竹林精舍。

印度王子悉达多，怎样变成释迦牟尼佛？

释迦牟尼本来是一个王子，大约公元前565年左右，出生在古代印度的迦毗罗卫城，他本名悉达多，姓乔达摩。

释迦牟尼是人们对他的尊称，意思是释迦族的贤人。释迦牟尼从小住在豪华的宫殿，过着奢华的生活，快二十岁时，有美丽的王妃，还有一个可爱的儿子。如果按部就班，等到他父亲去世，他就会继承王位，成为一个国王。

但是，释迦牟尼有特别敏感的心，世间的现象引起他的思考，特别是死亡和生病，让他强烈地感觉到活在这个世间，有无法回避的缺陷和痛苦。他想弄明白是怎么回事，想弄明白死亡的秘密、烦恼的秘密、爱的秘密，等等。于是，二十九岁那年，他抛弃了王位、家庭，离开王宫，走上寻求真理的道路。他向一些老师学习，但很快就失望；又修习苦行，还是失望，还是不能获得真理。

就这样，到处寻找了六年多。有一天，释迦牟尼拖着疲惫的身体，走到尼连禅河边，坐在一棵毕钵罗树下沉思默想，一动不动，进入深度的禅定。到了第七天，天空闪过流星的刹那，他突然觉悟证道，从此成为佛陀，简称佛，意为觉悟者。那棵毕钵罗树从此被称为菩提树，**菩提意即智慧**。那一年，这位出家的王子三十五岁。

释迦牟尼的成道，并非中国人理解的成仙，而是明白了存在的真相，明白了这个世间的道理，因为明白所以解脱。释迦牟尼在菩提树下的禅定里，明白了四谛的道理。**谛的意思是真理，所**

谓四谛，就是四种真理。第一是苦谛，关于苦的真理。世间一切的行为引起的都是痛苦，这是个真理。第二是集谛，关于为何苦的真理。为何苦？因为愚昧的欲望。第三是灭谛，灭除痛苦的唯一方法是涅槃（niè pán）。这是个真理。涅槃的意思并不是我们一般理解的死亡，而是"寂静"。为什么会寂静呢？因为没有了烦恼，没有了贪欲，没有了怨恨，没有了愚痴，所以，在死亡之后再也不会轮回到人世间再次受苦。第四是道谛，就是通向涅槃的道路。只有通过正确的观念和正确的行为，才能抵达涅槃。这是个真理。

释迦牟尼成佛后，立即就去了适合讲法的鹿野苑，找到当时陪他一起出家的五位侍从，向他们讲了"四谛"，从三个不同的角度讲了三次，所以叫"三转法轮"。从此，佛陀开始了长达四十五年的弘法生涯。在弘法的过程里，佛陀逐渐深化了自己的理论体系，提出了很多佛学的概念和修行的方法，但是，四谛是基础，是前提。不了解这个基础和前提，很难理解佛学的理论。

佛陀在世的时候，都是口头讲述，并没有留下文字。他的学说，不是靠书籍传播，而是靠口口相传。

佛陀去世之前，弟子阿难问了他几个问题，其中有一个是："您在世的时候，大家都能亲自聆听您的教诲，但您离开尘世之后，如果我们向别人传授佛法，怎么能够让他们相信是您所说的？"释迦牟尼回答："只要在讲述之前加上一句'如是我闻'，就可以让众生相信这是我亲自所说。"

所以，现在我们读到的佛经，只要是以"如是我闻"开头的，就意味着这部佛经是释迦牟尼讲述的。

唐僧和鸠摩罗什翻译《金刚经》的故事

释迦牟尼在世的时候，并没有佛经。佛经的出现，是在释迦牟尼离世之后，他的弟子根据记忆，记录下释迦牟尼的言论，慢慢形成一卷一卷的佛经。

释迦牟尼言论的第一次结集是在释迦牟尼去世后的第一年的雨季，释迦牟尼的大弟子大迦叶召集了五百比丘参加。

所谓比丘，最初的意思是靠一边乞食一边修行的男性出家人，后来标准的定义是接受佛教戒律的约束年满20岁的男性出家人，俗称"和尚"。比丘尼就是女性出家人，俗称"尼姑"。当时，五百比丘聚集在王舍城的七叶窟，由记忆力最好的阿难根据回忆把释迦牟尼的言论记录成册，成为佛经。第二次结集是在释迦牟尼去世后一百多年，由七百比丘参加。阿育王时代又在华氏城第三次结集，有一千比丘参加。早期的佛经，基本上来自这三次结集。

为什么把释迦牟尼的学说称作"经"？"经"在梵文里是"sutra"，意思是用绳贯穿起来，**所谓佛经，就是把释迦牟尼的言论集中起来，用一条脉络贯穿，可以永远流传下去。**

中文的"经"，指的是织物的纵线，有绵延的意思，引申为"常道"，就是一般的规律性的不变的道理。所以，佛经所讲，或者说，释迦牟尼所讲，都是一些"常道"，不会变化也不会被破坏的真理。

早期佛经，大抵使用巴利文（佛陀时代摩揭陀国一带的大众语）。佛经翻译成汉语，最早大概是汉朝翻译的《四十二章经》。

魏晋南北朝到唐朝，佛经的汉语翻译达到巅峰，目前我们所读到的大多数汉语佛经，都是那个时期翻译的。

那时候，一方面，是中国的僧人往印度寻求佛法，每次西行回来总是带回很多佛经，然后翻译成汉语，比如唐朝的玄奘和尚；另一方面是印度或西域的僧人来到中国传播佛法，带来不少佛经并译成汉语，比如魏晋南北朝时期的鸠摩罗什。

鸠摩罗什和玄奘在中国佛经的翻译上有重大贡献。鸠摩罗什出生于龟兹国，其母是龟兹国王的妹妹。七岁那年和母亲一起出家。后来迫于压力，娶了龟兹国的公主。战乱中来到中原，翻译了大量的佛经，他的门徒中有很多位在中国佛教史上有重要影响。

《金刚经》最早的汉语译本就是鸠摩罗什的翻译，后来有菩提流支、真谛、达摩笈多、玄奘、义净的译本，但无疑，鸠摩罗什的译本最为流行，本书解读《金刚经》，也是以鸠摩罗什的译本作为范本。

怎样降伏自己的杂念？

相比其他佛经，《金刚经》显得篇幅较短（不过一万字左右），文字简单而平实。一般佛经往往有华美的想象、神奇的隐喻、层层的排比，而《金刚经》却不过是一部很平实的问答录。发生的时间和地点都很平常，大约某一天，释迦牟尼和弟子先去外面挨家挨户乞食，然后，就回到祇树给孤独园静静地坐着。这时，大弟子之一须菩提突然站起来向释迦牟尼提了一个问题，然后，释迦牟尼就循序渐进地回答了他的问题。回答的过程中，又不断有相互的提问。释迦牟尼回答完须菩提的问题后，有趣的是，须菩提又重复问了一次同样的问题，然后，释迦牟尼又作了一次解答。

所以，《金刚经》具有很强的戏剧性，整部经书描写的场景，很像一出舞台剧。结构非常简单，前后两部分。前面部分是释迦牟尼回答须菩提的提问，后面部分是释迦牟尼再次回答须菩提的提问。

须菩提到底问了一个什么问题呢？须菩提问的是："世尊，善男子、善女人，发阿耨多罗三藐三菩提心，云何应住（清朝以前均为"应云何住"）？云何降伏其心？"大意是：请问世尊（对释迦牟尼的尊称），如果有向善的男子和向善的女子，发愿要成就无上正等正觉的彻底解脱之心，他们如何才能保持这个发心常住不退？他们应当怎样去降伏心中的妄念？

释迦牟尼的回答有两个重要的点：第一点是你要发心救度所有的众生，但同时你的心中并没有众生的概念；第二点是你在布施的时候并没有布施的概念,并没有觉得你和受施者有什么不一样。

这两个重要的点隐含着释迦牟尼一个重要的思想,那就是,你想要得到最彻底的解脱,你想要降伏自己的妄念,那么,你就必须升起救度众生的心,也就是说,生命最完满的圆成,不是为了自己的私利而奋斗,而是为了其他生命的苦难而努力。同时,你还必须有不起分别的心,只有不纠缠于自我与他人的分别,不纠缠于人与其他生命的分别,不纠缠于生命存在时间的分别,不被那些形色所迷惑、所束缚;那么,你才能得到解脱的喜悦,才能降伏自己的妄心。

当释迦牟尼回答完,须菩提又问了一遍同样的问题,奇怪的是释迦牟尼并没有说他重复,而是很认真地又回答了一次。释迦牟尼这次的回答重复了救度众生并且不起分别心这个意思:"善男子善女人发愿成就最高的解脱,应当这样起念:我立志救度所有的众生,使他们离苦得乐。一旦度化一切众生,心中又毫无使一切众生得以救度的念头。为什么呢?须菩提,假如菩萨执著于自我意识,执著于人的意识,执著于众生的意识,执著于生命时间的意识,那么,就不是菩萨。"重复这个意思后,又增加了这么一句:"须菩提,其实并没有什么方法,可以让你获得彻底的解脱。须菩提,我问你,当年我在燃灯佛那里,难道是得到了一个最高的成佛的方法吗?"须菩提马上回答:"世尊,您在燃灯佛那里,并没有得到所谓的最高的成佛的方法。"

显然,须菩提的重复提问并非无聊,而是有其用意,是为了让释迦牟尼从另一个角度来回答这个问题。如果说,第一次回答的答案是对于各种形色不要起分别心,那么,第二次的回答是其实并没有一定方法,没有一定的答案。如果说,第一次的回答里,释迦牟尼的意思是你想获得彻底的解脱,就必须从各种"相"里解放出来,那么,第二次的回答里,释迦牟尼的意思是你想获得彻底的解脱,就必须从各种"法"里解放出来。

所以,阅读的层面,《金刚经》实在非常简单,从头至尾,不过是释迦牟尼和须菩提的答问,而主线不过是释迦牟尼两次回答须菩提的同一个问题:如何可以达到最终的解脱?释迦牟尼第一次的回答强调,你想要最终的解脱,就一定要断除"妄相"。释迦牟尼第二次的回答强调,你要想最终的解脱,就一定要断除"妄念"。合起来,完整的答案就是,只有断除了"妄相"和"妄念",才能达到最终解脱。

只要读懂《金刚经》，您就是在修心

《金刚经》影响巨大，从出现在世间，一直到此时此刻，不断地启发着无数的心灵走向觉悟的道路，走向自在的道路。

六祖惠能，本来不过是一个砍柴的樵夫，有一天往客人家里送木柴，偶然听到有人在读《金刚经》，正好听到"应无所住而生其心"。那一刻，这句话神奇地击中了这个目不识丁的樵夫的心，一下子让他领悟到了另一种生活的可能。然后，他就辞别了母亲，往北，去寻找一种灵性的生活。很多年后，这位樵夫成为一位觉者，在南华寺弘法，留下了一部《坛经》——唯一一部出自中国人的佛经，开启了禅宗生机勃勃的源流。

如果不去诵读《金刚经》，不去领会并践行《金刚经》所指示的道路，那么，就不可能成为一个真正的佛教徒。学佛，修行佛法，《金刚经》是必需的功课。但对于普通人，对于那些不一定想要成佛的人，《金刚经》有什么意义呢？尝试着不去思考"空"啊、"出世间"啊这些深奥的佛学概念，只是把《金刚经》作为普通的读物，用普通人的心态去阅读，甚至只是随意翻阅一下，尝试一下，你一定会得到意想不到的启迪，你一定会发现，**这部名为佛教根本大法的《金刚经》，其实讲的道理并不空灵邈远，而是句句契合日常生活里的琐碎人生。**

《金刚经》全篇，是对于须菩提同一个问题的追问。须菩提的问题不是一个一般的问题，不是诸如"今天天气怎么样"、"怎么应付今天的面试"这样的具体问题，而是一个终极性的问题，一个关于解脱的终极性问题。这种提问的方式给你一个启示，那就是活在这个世界上，不要被每天琐细的日常问题淹没，每天不假思索地按照社会为你设定的道路前行，而是应该经常抽身而出，停下来，哪怕只是片刻，问问自己：这是我想要的生活吗？这个问题蕴涵着生命最基本的问题：我来到这个世上，不是仅仅活着，而是创造，我想要创造什么呢？我能够创造什么呢？或者通俗地说：我想要做什么呢？我能够做什么呢？只有把这个问题想清楚了，无论你做什么，无论结果如何，你都活出了你自己的韵味，当有一天离开这个世界的时候，不会有任何遗憾，因为你已经做了你想做的，做了你能够做的。

假如有什么成功的法则，那么，这就是最基本的成功法则：追问自己到底想要什么？然后，你就有什么样的人生。大部分人之所以充满焦虑，那是因为他们从不彻底地追问，至死不知道自己想要什么，至死没有去做自己想做的。

叔本华说得好：我们可以做我们想做的，但我们不一定能要我们想要的。所以，自由的人生，并不是你想要什么就能得到什么，而是你想做什么就真的去做了。活着，如果有什么意义，那是你实实在在做了一些什么，做了一些你自己想做的东西。如此而已。

《金刚经》全篇，是对于一个问题的回答，但并非结论式的回答，而是提问式的回答，回答的过程中，不断提出问题，在提出问题中让你思考。也许你对于《金刚经》里的佛理没有太大的兴趣，但是，《金刚经》在讲述佛理的过程中，展现了一种质疑式的思维方式。这是一种有益的启示。试着带着问题去生活，带着反思去生活，带着质疑去生活，你就会渐渐走向智慧的道路。

质疑会开启你的洞察力。不论看到什么，都不轻易下结论；不论什么方法，都不轻易去迷信。而是如《金刚经》里所说："凡所有相皆是虚妄。若见诸相非相，即见如来。"这句话在佛学里非常有名，但你可以不去考究佛教上的义理，而只是从字面上去理解，也会很有意思。你见到的所有的现象都是虚妄的，如果你能够见到所有的现象都不是真实的，那么，你就见到事物本来的样子了。初读的时候，你一定会觉得这句话不符合你从小接受的常理，你从小得到的教育是：眼见为实，相信眼睛看到的。但是，释迦牟尼说，你看到的都不是真实的。

你也许一下子不能明白这句话的含义，但这种说法给你一个冲击、一个震动，启示你不论你看到什么，不要盲目地跟随着这个东西，要运用你的洞察力去观察；也启示你不论看到什么，不要只看到这个东西，要看到一个整体。

确实，读《金刚经》，并不会为你带来更多的钱财，也不能帮你找个好的工作，也不能治好你的绝症。但是，**读《金刚经》，即使随意读读，也一定能够改变你的思维方式，一定会把你从习惯性的思维方式里解放出来，你将会变得更加开阔，更加充满创造的气息，你的心态会变得柔和。** 当这种改变发生的时候，一定会对你的生活发生作用，在这个意义上，又可以说，读《金刚经》，一定会让你的生意更成功，一定会让你的工作更顺利，一定会让你的身体更健康。尤其重要的是，读《金刚经》，会让你在遇到失败的时候不消沉,因为你看到的失败不过一个假象,不过一个游戏,你不会被一个游戏击倒;会让你在遇到成功的时候不迷乱,因为成功不过一个假象,一个游戏,你不会被一个游戏迷惑。

这种力量能够从根本上改变你的生命。藏传佛教里,有一个故事,说雅瓦地方寺庙内有位小沙弥,遇到一位精通相术的算命师。算命师看了一下小沙弥,说:"你很聪明,不过你只能活到十八岁。"小沙弥把这件事情告诉了上师,上师让他每天在寂静处诵读《金刚经》。小沙弥听了,就安下心来,每天诵读《金刚经》。这样到了十八岁,结果还好好地活着,一直到九十五岁才去世。他好像什么也没有做,但改变确实发生了。事实上,他在诵读《金刚经》的过程里,把生死置之度外了,什么时候去世并不重要,重要的是他可以平静地活着,平静地死去。

明代的文人里,有"三袁":袁宏道、袁宗道、袁中道。他们都受到佛学的影响,而他们的母亲龚太夫人是虔诚的佛教徒,特别信奉《金刚经》,几十年来坚持每天诵读《金刚经》,从不间断。

有一天,她正在读《金刚经》,忽然看到梁柱上垂下一条黄丝,一只巨大的蜘蛛沿着黄丝而下,绕着经卷走了数圈,蹲伏在经卷旁。龚夫人见了,并不觉得惊奇,而是轻轻说:"是来听经的吧。"继续敲着木鱼诵经,当她读到"一切有为法,应作如是观"时,蜘蛛缓缓摇动,像是在礼拜。

等到诵读完毕,龚太夫人发现蜘蛛一动不动,细细一看,只剩一副空空的壳子。她叫来家人一起观看,都赞叹《金刚经》的不可思议。

于是，将蜘蛛的遗蜕，装在一个小龛之中，以僧礼安葬，并立了一座小塔，称为蜘蛛塔。蜘蛛是否听了《金刚经》而蜕化，并不重要，重要的是龚太夫人在诵读《金刚经》的过程里，渐渐破除了一些界限，存在的一切都变得可以沟通。

讲述上面的故事，并不是想说《金刚经》有多神奇。不是的，如果你把《金刚经》看成是神灵般的符咒，想通过它祈求世间的财富或别的什么，那么，你注定会失望。事实上，如果你安心诵读《金刚经》，通过《金刚经》的指引，进入的是另一个更广阔的世界，获得的是比财富更坚实更永久的东西。《金刚经》所指引的，不是世间的世界，不是语言的世界，而是世间之外的世界，语言之外的世界，是爱因斯坦讲的奥秘，是看不见的经验之外的奥秘。但《金刚经》并非符咒，也不是神话，而是很平实的真相的揭示。

读《金刚经》，不是做学问，而是实实在在的修行，把自己的心修成迅猛的闪电、坚固的钻石，无论什么形色或观念导致的烦恼或诱惑，都能洞察清晰，都能穿透现象进入本质；无论什么形色或观念，都不能影响到自己，安住于自己本来的样子里，领略到生命最初的喜乐，用心把世间的路走好。

第一部分

不焦虑的活法：金刚经修心课

第1课　修心，从专心吃饭开始

《金刚经》第一段所描写的场景，其实是佛陀以他自己的形姿，告诉我们：即使像他这样成佛的人，也无法回避日常生活，日子还得一天一天地过，一秒一秒地过。

所以，我们必须学会如何安于此时此地，学会在此时此地保持本然的心，时刻活在自己的家里，这个家并非一个房子，也并非某一个地方，而是：随时随地，都拥有一种智慧，一种洞察力，一种时刻对于存在保持警觉的清醒心态。

此时此刻，你在想什么？

《金刚经》开头第一句话：一时佛在舍卫国祇（qí）树给（jǐ）孤独园。平常得不能再平常。在其他佛经里，佛总以神奇的形象出现，只有在《金刚经》里，佛示现了平常相。佛就像我们平常人一样，处于"此时此地"。人不能离开某地，而且，在同一时，只能在某一地，不可能同时在二地或二地以上。因此，无论皇帝还是平民，无论富翁还是穷人，必得处于"此时此地"。

此刻，我在房间里，在写字；此刻，我在火车上，在看着窗外的风景；此刻，我在办公室里……人的一生其实是由无数这样的片刻组成，每一个片刻，总是在某地，总是在想着什么，或者在做着什么，总是呈现出某种表情。很多人的焦虑，在于处在"此时此地"却又不安于此时此地。如何安于此时此地？第一，此时此地，做当下想做的事情，不去等待什么，只是做当下想做的事情。第二，此时此地，总能感知到此时此地的美，此时此地的气氛。桌子上的纹路，火车外一闪而过的房子，办公室里的电脑打字的声音，都能触动你的心境。

你看佛陀在此时此刻，在给孤独园，和他一起的，是1250个弟子。1250个人，很多，如果在中国的某地，某个大厅，一定很喧哗。但是，《金刚经》开头的描述，非常平实，很安静，我们听不到一点嘈杂。我们只感到佛陀安静地坐在那里，洋溢着安详的氛围，好像什么也没有在做、在想，只是在此时此地。

佛陀和他的弟子怎么会住进给孤独园？据说，佛陀和弟子们刚到王舍城的时候,没有正规的住所,随缘地,住在林间,乃至路边。一位富商看到他们,不知为什么,就被他们的神态所吸引,觉得这群人值得信任。因此,为他们建造了六十处住所。又约请他们一起吃饭。富商的姐夫给孤独长者听说后,一大早去拜访佛陀。佛陀一见到他,就喊了他的名字:须达(Sudatta)。

给孤独长者便问佛陀睡得可好,佛陀回答:内心已经安定,永远睡得香。然后,佛陀为他说法,让他明白了世间一切有生必有灭的道理。

给孤独长者听完后就皈依了佛陀,并表示要为佛陀和他的弟子建造一座雨季居住的住所。他在舍卫城发现祇陀(Jata)太子的园林是一处理想的地方,于是,请求祇陀太子能够转让。

太子开价"铺满这座园林"的金币,给孤独长者用了十万金币,铺满了祇园,还差门口一小块地方。祇陀太子说:这块就算我的布施。于是,给孤独长者就在园林里建造了一座精舍。他问佛陀:世尊,我应该怎样使用这座祇园?佛陀回答:你可以供给过去、未来和现在的四方比丘使用。

释迦牟尼成佛后在各地弘法,大部分时间,都在两个地方,一是王舍城(摩揭陀国的都城)的竹林精舍,二是舍卫城(桥萨罗国的都城)的祇园,也就是《金刚经》里所说的祇树给孤独园。须菩提们听佛陀讲《金刚经》,就在祇园内。唐代玄奘去印度,还去过祇园的遗址。

修心，从专心吃饭开始

《金刚经》第一段的第二句话：到了吃饭时间，佛陀就穿上袈裟，拿起饭钵，走进舍卫城去乞食。虽然成了佛，仍要吃饭，仍然要面对一个平常人每天遇到的问题。

如果没有饭吃，人就会饿死。所以，俗语说：人活着就是混一口饭吃。原始时代，人类在林间狩猎，在水中捕捉，获取食物。文明时代，人类必须工作，才能获得食物。佛陀怎么办呢？他不会像我们一样天天上班，赚取工资；也不会像原始人那样，靠体力在大自然间寻取粮食。

他什么也不做，什么也不想，就坐在那里。饿了，就带着弟子们挨家挨户地去"乞食"。

"乞食"字面上的意思即"讨饭"，但是，佛陀的"乞食"与中国人平常所说的"讨饭"完全不同。第一，它不是为生活所迫，用尊严来换取粮食；第二，它不是专向富人乞讨，而是挨家挨户地乞讨，不管贫富，都要乞讨。

这是佛陀创造出来的生活方式。可以解决肚子的问题，又可以使自己不陷于谋生的网罗里，是利己。还有一利：利他。佛教把布施看成是通向解脱的重要途径之一，六度中的第一度就是布施（布施、持戒、忍辱、精进、禅定、般若）。因此，向别人乞食，是给予了别人布施的机会，有利益他人的作用。

也许，把"乞食"翻译成"化缘"，更接近佛陀的原义。佛陀以这样一种方式，回到了自然而然的状态，把自己从俗世的谋生里解脱了出来。人是不必为着一日三餐操心的，也是不必为着衣服房子操心的。《圣经》的福音书上说："不要为生命忧虑吃什么、喝什么，为身体忧虑穿什么……你们看那天上的飞鸟，也不种，也不收，也不积蓄在仓里，何必为衣裳忧虑呢……你想野地里的百合花，怎么长起来，他也不劳苦，也不纺线。"

古代日本作家鸭长明过着隐居的生活，在他的随笔集《方丈记》里也曾提到，他"为他人奔驰于俗世而哀怜"，以为人其实不必如此，应当去学学"鱼和鸟的潇洒"。

"乞食"把生存的手段简化到了最简的层面，也把自己的地位降低到了最低的层面。在最简和最低的层面，物质以及欲望构筑的羁绊消失了，心灵的生活才会最广大最深刻地展开。

佛陀就如此地坐在那里，不担心家里的东西是否会失窃，不担心身上的财物是否会被抢走，不担心工作的机会是否会失去，不担心明天的生计……他已经空无一物，饿了，就起身，穿好衣服，带着弟子，随缘地，挨家挨户地去乞求食物，给了，就接受，不给，就离开，始终安详、平和。

任何地方都是你的修心道场

佛陀饿了，就出去乞食，乞讨完后，马上就"还至本处"，字面上的意思是回到自己住的地方。曾著有《金刚经讲义》的江味农先生特意强调"此'还至本处'，急应着眼"。他认为《金刚经》开头这一段写佛陀饿了去乞食，乞食完就回到住处，表面看似平常，实质深具寓意，为俗世劳碌的人指出了一种方便法门。既然生而为人，谁都得为衣食奔走。一味地忙于谋生而忘了生命的本原固然可悲，但一心想着摆脱尘劳却又无法摆脱，而生出种种烦恼，同样可悲。如果能够善于利用各种环境，那么，什么地方都可以成为道场。

江先生进而从此段的意思引申出一种极其简单的修行方法：每天早晨外出工作，完成必需的劳作。所有应酬，以及不相干的事情，一律省略，一下班就应该回到自己的家里，料理家务，然后即当静坐，摄念观心。在江先生看来，"还至本处，敷座而坐"八字，正是吾辈奔走尘劳中众生的顶门针、座右铭。

江先生的解释确实读出了经文背后的意义。表面上看，我们每天的日常好像与佛陀一样，都在为"稻粮"谋，然而，往深里看，完全不一样。

就像中国禅宗常说的，没有修行的时候，看山是山，看水是水；开始修行的时候，看山不是山，看水不是水；完全觉悟的时候，看山又是山，看水又是水。山水好像又回复到原来的山水，却已经完全是不同层面的境界了。佛陀觉悟后，每天的日常，好像一个平常人一样，而实际上，他和平常人完全不一样，他时时在自己的"本处"，做到了纯为活着而活着。

我们很多人陷于谋生的轨道，沦为谋生的奴隶。本来，工作只是手段，得到足够的住处、粮食、衣服就可以了，但是，我们把工作当作了目的，一辈子努力，就是为了获得或守住一个好的位子，为了获得或守住不断提高的薪酬。诸如此类。

常常，在街边，或者在写字楼、机关办公室，看着那些模糊的五官和忙乱的身影，觉得大家都是奴隶，被我们自己所创造的体制囚缚着，为着那些虚妄的生活目标，我们忘掉了生命本身的情趣和活力，变成了一具动物，一只卡夫卡《变形记》里的甲壳虫。一到所谓的假期，大家到各个风景区去旅游，那情形，就像囚犯出来放风。假期一过，又要回到各自的岗位，像坐牢似的工作着。

如何让心安住于"此时此地"

我们绝大多数人做不到佛陀那样对于世间功利的决然放弃，不可能像他那样地去"乞食"，也不可能去庙里修行。但是，《金刚经》开头所呈现的短短一段佛陀的日常生活相，仍给我们深邃的触动。佛陀在日常里的每一个姿势和行动，洋溢着从容和平静，可以体会到佛陀在每个日常的片刻里都享受着生命的喜乐。

而我们许多人之所以烦恼，往往在于我们不喜欢日常，不喜欢日常里的此时此地。在我们的言说里，日常总是与"柴米油盐"、"烦琐"等词语连在一起，一个作家甚至说：不怕刀山火海，只怕年复一年的日常生活。

因此，我们的心总是期待着比当下更远的将来，期待着比日常更戏剧化的精彩时刻，为了这样的精彩时刻，我们希望日常的时间快快流逝。我们等待着考试后的中榜，等待着情人节的约会，等待着周六的旅行，等待着出国签证……我们好像必须让自己有所等待，否则，难以度日。有人不断地购买彩票，为的是有一个等待。在等待中耗费生命。因为在等待，所以，当下的片刻就变得难以忍受。

然后，所期待的时刻真的来临，兴奋了一会儿或几天甚至几个月，然后，又开始无聊，又要去制造新的等待，这样周而复始。我们总是在焦虑、烦躁、不安中期待着一些事情的发生，而对于当下正在发生的片刻，心生厌倦。我们的心不能安于日常，不能安于此时此地，总是漂浮不定，漂浮在一个又一个的妄念里面。我们的身体定于某处,心却不能安定。佛陀的身体到处走动,心却是安定的,安定于每一个此时此地里。

所以,《金刚经》第一段所描写的场景,其实是佛陀以他自己的形姿,告诉我们:即使像他这样成佛的人,也无法回避日常生活,日子还得一天一天地过,一秒一秒地过。

所以,我们必须学会如何安于此时此地,学会在此时此地保持本然的心,时刻活在自己的家里,这个家并非一幢房子,也并非某一个地方,而是:随时随地,都拥有一种智慧,一种洞察力,一种时刻对于存在保持警觉的清醒心态。

陶渊明式的醒悟

那么,佛陀是否让人安于平淡呢?安住于当下,安住于此时此地,是否就是安于平淡呢?这是一个复杂的问题,也许读完《金刚经》之后,再来探讨,就会比较清晰。

不过,我想指出的是:佛陀在《金刚经》开头显示的平常相,是他经过了漫长的追寻而达成的。如果有所谓的绚丽与平淡的区分,那么,可以说,佛陀是经历了绚丽之后,才归于平淡。惟其经历过,所以,那种平淡其实并不是平淡。

很多年前看过一部英国小说,忘了名字,其中的情节却印象至深。讲的是一位年轻人,从小渴望着成功与绚丽,渴望着不平凡的一生。于是,他离开家乡,到了伦敦,又到了巴黎,还到了美国。曾经得到过爱,也得到过金钱,体验过纵情声色,也体验过濒临绝境,信仰过上帝,也参与过政治……有一天,他感到了深深的厌倦,又回到了自己的家乡,苏格兰美丽宁静的庄园。那儿一切都没有改变,山仍然青翠,水依然澄澈,牛羊在山坡上悠闲自在,邻居家的老大爷多了几许白发,但依然准时地在午后坐在门前的大树下打盹,那个童年的女伴已是婷婷玉立,在围栏里熟练地挤着牛奶。这一切,令那位回乡者感动。在外面的世界闯荡那么多年,什么都在改变,而唯独故乡的风情依旧。在那一刻,他有一种强烈的依恋,要想永远停留在这里。同时,他开始困惑,这么多年在外面上下求索,到底为的是什么?到底有没有意义？

情形似乎有点像陶渊明,在俗世里混了三十年,终于归于田园,面对那一片静逸祥和,明白到俗世的一切不过是囚笼,只有那自然的状态,才符合生命的节律。"少无适俗韵,性本爱丘山。误落尘网中,一去三十年。羁鸟恋旧林,池鱼思故渊。开荒南野际,守拙归园田。方宅十余亩,草屋八九间。榆柳荫后檐,桃李罗堂前。暖暖远人村,依依墟里烟。狗吠深巷中,鸡鸣桑树巅。户庭无尘杂,虚室有余闲。久在樊笼里,复得返自然。"

这是过来人的感叹,也是过来人的那份平静。既然一切的努力,其实最后都归于空无,那么,是否在一开始就该放弃所有的企求与努力呢?就如林黛玉所言,既然终归要"散",那么,干脆不如不"聚"。或者,如某些隐者,放弃了所有的人间生活,在深山里每天打坐练功。然而,当人活着的时候,完全专注于保全性命,而丧失了生命的质感,那么,活一百岁与不活,又有何区别?拜伦甚至认为,与其平平庸庸地活到一百岁,不如轰轰烈烈只活十八岁。这是诗人的激越之言。不过,从另一方面看,如果没有在俗世滚爬的体验,陶渊明大概不会对田园有那么深厚的融入。

如果佛陀没有经历过极度的荣华富贵,也许不会有如此彻底的觉悟。当另一本经书上说:聚集之后是消散,据高之后是处下,相遇之后是离别,生命之后是死亡;并不是要人们泯灭生命的意欲与活力,并不是要人们完全地被动与退隐。它的真正含义也许是要提醒我们:在"台上"的时候,想到"下台"的日子;花朵正当鲜艳的时候,意味着即将凋谢;掌声响起的时候,应当想到门前冷落的滋味;冬天来了,春天还会远吗?另一种同样成立的问法是:春天来了,冬天还会远吗?……可以恣意地去表现,去盛开,去寻寻觅觅,但你永远不要想着你正获得的能够长久,能够永不改变。这企图长久地拥有的心,正是我们的枷锁,我们痛苦的根源。

在聚与散、生与死、得与失的大悲大欢之后,我们发现生命其实像四季一样轮转,没有什么值得悲,也没有什么值得欢。那长久不变的其实就是此时此地的当下,而我们似乎总是要历经一番红尘的挣扎,才能回过头去觉知到,并凝神于那原本一直就在那里的此时此地,一直就在那里的当下。

佛陀的真正意思也许并不是鼓励我们去追求平淡,当然也不会鼓励我们去追求绚丽;而是启发我们全身心地放下,进入此时此地的当下。每一个当下,既不是绚丽的,也不是平淡的;既是绚丽的,也是平淡的;既是开始,也是结局……也就是说,我们在每个当下里,我们都能体验到生命的一切可能性,一切的色彩,以及最终的空无。不过如此而已。

第 2 课　心情烦躁时,马上深呼吸

《金刚经》开头,显现了一种日常的生活场景,佛陀和他的弟子就像普通人一样,饿了吃,困了睡。然而,当须菩提突然站起来,引出一个终极性的问题,一下子,平常的场景有了不平常的氛围。然后,当佛陀开口回答须菩提的问题,就完全进入了一个戏剧化的高潮,平常相里爆发出令人震撼的力量。

关注自己的呼吸，让心瞬间回归宁静

当佛陀和弟子们静静地坐在那里的时候，一位名叫须菩提的弟子站了起来，向佛陀问了一个问题。暂且把他的问题放在一边，先好好欣赏一下他的动作：他从座位上站起来，裸露着右肩，右膝跪在地上，双手合十，向着佛陀说话。

须菩提的动作引发三个疑问：第一，为什么穿袈裟时只遮着左肩，而把右肩露出来。据说是为了劳动的方便，我猜想很可能也与印度天气炎热有关，就像藏族人穿藏袍的时候也露出一边，倒不是宗教的原因，而是因为西藏一天之内温差很大。第二，为什么要右膝着地？佛教的说法，右代表正道，左代表邪道，膝代表着般若（即智慧），地代表着实相。所谓实相，就是宇宙事物的真相或本然状态。右膝着地，意味着洞察了空性的智慧与实际存在相遇。第三，为什么要双手合十？据说印度人把左手看作不净之手，把右手看作神圣之手。当左右手合在一起，洁净的一面与不洁的一面相互融合，成为一个整体。真正的含义大概是：我们必须把世界作为一个整体，我们必须包容作为一个整体的世界，就像虚空包容一切所存在的一样，没有任何二元的区分。

这些解释也许是后人引申出来的，却逐渐成为佛教的基本礼仪。佛教徒几乎天天重复着这几个动作。一般对佛有所憧憬的民众，也会经常双手合十。无论右膝跪地，还是双手合十，不管它是否有多少深奥的象征意义，即使单纯从动作本身的形姿来看，都是优美而且让人心生欢喜。我记得自己第一次去庙里，见到僧人,打动我的,是他们的姿态和他们的表情。姿态和表情,来源于心,所谓"相由心生"。我们在《金刚经》的第一段和第二段,领略了佛陀和须菩提在日常生活里的风采,看起来很平常,但是蕴涵着一种感染力。这不是简单的礼仪所能熏陶出来的。当我们读完整部《金刚经》,就会明白:因着彻底的觉悟,才能成就佛陀那样的风采。

但是,从另一方面看,外在的礼仪、规范也能引发心灵的变化,尤其对于我们一般人,有时候是有效的方便法门,能够在最短的时间内使我们的心安静下来。净土宗甚至认为,即使你对佛法完全不了解,只要每天念诵佛号,也会功德无量,往生净土。藏人从小就不断地念六字真言。所以,不论在做什么,他们的神情和动作总是从容、镇定。

念诵本身是一种静心的行为。当我们全神贯注于念诵着的音节,外在的纷乱世界似乎远远地离开了我们。

为了生存忙碌,每天活在各种动作里,匆忙,而且都是向外抓取。当我们跪在地上,或者双手合十,正好与尘世里各种动作相反,是内敛的,是突然之间走上返回的道路。你可以尝试一下,不管坐着,还是站着,不管是在办公室里,还是在大街上,不管是你一个人,还是周围挤满了人,把你的双手慢慢收回来,慢慢地合在一起,安定在自己的心口,把自己的头微微地低下,向着地面。这时候,会产生什么样的感觉?

如果你觉得跪在地上或双手合十有点过于引人注目,那么,不妨试试另外一个方法,那就是,当你的情绪波动、感到焦虑的时候,当你受到各种诱惑的时候,立即,把注意力聚焦在自己的呼吸上，全然地关注自己的呼吸，深呼吸，再深呼吸，好像整个世界都消失了，只有你自己的呼吸声。这唯一的声音把你带回到你的内心，你会听到你内心的声音。没有什么复杂思辨，你只要立即安静回到自己的呼吸，你的整个向外张扬的状态就会向内回归，最终，你一定能够听到你内心的呼唤。

试一试，这个方法很简单。不论你在做什么，不论站着、坐着或是躺着，把注意力集中在呼吸上。

当鼻孔慢慢吸气的时候，舌尖也慢慢抬起，抵住上颚。稍稍停顿后，用口，慢慢呼气，舌尖也慢慢放下。

呼气，吸气，平缓而清晰地，整个自体会慢慢放松下来。这是最简单的呼吸方法，不妨试试看，也许会有让你意想不到的效果。

今天困扰你的，也曾困扰过佛陀

须菩提在那样一种姿态里，问了一个问题，一个把我们带向某种终极境界的问题。

所有的宗教或哲学，都是基于某些问题而展开的。即使是平凡的众生，每天的生活，也几乎是围绕着各种问题而展开。我们各人的命运之所以不同，在很大程度上，是由于我们发现的问题以及解决的途径不一样。一个人思考什么样的问题，往往决定了他生活的格调和路向。

一些人每天想到的问题是：买什么菜？如何赶上上班的班车？如何把工作做得让领导满意？一些人可能把赚钱作为目标，考虑的是哪里有好的投资，如何用最少的资本获取最大的利益，一些人可能想着如何快乐，考虑着什么样的消遣能够让自己快乐，考虑着如何忙里偷闲去哪里度假，想着哪里有好的电影，一些人可能思考着怎样使得我们所生存的社会变得更好，怎样缩小贫富差距，怎样实现民主，等等。

我们关注什么样的问题，就会有什么样的人生。因此，如何提问，显得非常重要。我们提出问题，并且思考，其实就是在探寻着一条道路。不同的问题把我们带到不同的地方。

佛陀原先只不过是叫乔达摩·悉达多的王子，每天在净饭王宫里，过着舒适的生活，不知道贫困，也不知道疾病，更不知道死亡。如果他一直活在与世隔绝的环境里，也许他就那么愉快地活着，没有疑问，也就不会觉悟，当然就不会有佛教思想的展开。然而,有一天,佛陀出了王宫,问题就开始了。

第一天

太子出了王宫,到了城外的花园,见到一个老人,佝偻着腰,拄着拐杖,步履艰难。太子在宫里从未见过这样的人,就问随行的车夫:"这个人怎么了,为什么他的头发、身体和别人不一样?"

"这是个老人。"

"为什么称他为老人?"

"称他为老人,是因为他活不久了。"

"那么,我也会像他一样变老吗?"

"太子啊,我们每个人都会变成老人。"

回到王宫,太子闷闷不乐,心想:"这种名为生的东西真是可鄙,因为它引起生者衰老。"

第二天

太子出了王宫,到了城外的花园,见到一个病人,很痛苦的样子,躺在自己的粪尿里,别人扶起他,帮他换衣服。太子在宫里从未见过这样的人,就问随行的车夫:

"这个人怎么了?他的眼睛与别人不一样,声音也和别人不同。"

"太子啊,这就是病人。"

"为什么称他为病人?"

"太子啊,称他为病人,是因为他难以痊愈。"

"我也会生病吗？可以避免生病吗？"

"太子啊，你和我们一样，都会生病，无法避免。"

太子回到王宫，闷闷不乐，心想："这种名为生的东西真可鄙，因为它引起生者衰老和病倒。"

第三天

太子出了王宫，到了城外的花园，见到一群人，穿着杂色衣服，在进行火葬，便让随行的车夫把车驶近，清楚地看到了那个死人。太子在宫里从未见过这样的人，就问车夫：

"为什么称他为死人？"

"因为他的父母和亲友再也不能见到他，他也不能再看见我们。"

"我也会死去吗？我的父母和亲友再也不能见到我吗？我也会永远见不到他们吗？"

"太子啊，你和我们都会死，无法避免。"

太子回到王宫，闷闷不乐，心想："这种名为生的东西真是可鄙，因为它引起生者衰老、病倒和死亡。"

第四天

太子出了王宫，在城外的花园，见到一个出家人，剃着光头，身穿袈裟。太子在宫里从未见过这样的人，就问随行的车夫：

"这个人怎么了？他的头与别人不一样，衣服也与别人不一样。"

"太子啊，这就叫出家人。"

"为什么叫出家人呢？"

"太子啊，称他为出家人，因为他善于行正法，善于行正行，善于行善业，善于行福业，善于不杀生，善于怜悯众生。"

"好极了！"

于是，就让车夫把车驶近出家人。太子问出家人：

"你是怎么了？你的头与别人不一样，衣服也与别人不一样。"

"太子啊，因为我是出家人。"

"为什么你是出家人？"

"因为我善于行正法，善于行正行，善于行善业，善于行福业，善于不杀生，善于怜悯众生。"

"好极了，正法好极了，正行好极了，善业好极了，福业好极了，不杀生好极了，怜悯众生好极了。"

然后，太子对车夫说："你自己回家吧。我要在这里剃去头发，穿上袈裟，成为出家人。"

上面戏剧性的四天，构成一个故事，叫作"太子四门出游"，最早见之于《大本经》（讲述佛陀在法堂向众比丘讲述佛前生事迹的记录），释迦牟尼向弟子传授佛法时，讲了这个故事，里面的主角是"毗婆尸太子"。但在后来的典籍里，这个故事成了佛陀自己的生平，成了佛陀如何出家的故事。

当然，故事里的"太子"是谁并不重要。事实上，释迦牟尼确实是在荣华富贵里感触到生老病死的无常之后，才走上成佛道路的。

很清楚,佛陀所要寻求的,并非如何使我们这个世界变得更好,而是根本上,他对于我们所处的世界完全绝望,他要做的是如何出离世间,用故事里的话说:名之为生的东西非常可鄙。因此,他所要解决的问题是:如何出离生死的轮回?

所以,达摩才会认为梁武帝修庙之类,并无功德;五祖弘忍才会教训弟子:你们整天供养,只求福田,却不求出离生死苦海。

一个真正的佛教徒要追求的,是生死轮回的解脱。《中尼迦耶》(南传巴利语系统的五部经藏之一)第26《圣求记》中,佛陀谈到自己出家的经历:"我觉醒之前,只是一个尚未开悟的菩萨,自身受缚于生、老、病、死、忧愁和污秽,也追求受缚于这些的事物。于是,我想,自身受缚于生、老、病、死、忧愁和污秽,为何还要追求受缚于这些的事物?我想,自身受缚于这些,看到其中的祸患,能否追求无生森林、无老、无病、无死、无忧愁、无污秽,达到无上解脱,达到涅槃?"

佛陀的问题把佛陀带到了解脱的道路。找到自己的问题,找到真正的问题,就是找到了此生的路向。

如何降伏内心的妄念

所以，当尊者摩罗迦子向佛陀问法时，问道：世界是永恒还是不永恒？世界是有限还是无限？身和命是同一还是不同一？如来死后是存在还是不存在？或者既是存在，也是不存在？或者既不是存在，也不是不存在？

佛陀没有回答他，而是讲了一个故事：有一个人中了毒箭，要带他去看医生，他不去，坚持要弄清楚以下问题：这箭是谁射的？他是什么人？他的弓是什么样的？等等。结果，这些问题还没有弄明白，那个人就死掉了。

佛陀的意思是，我们应当追问的，是有用的问题，至于那些无用的问题，只会浪费时间。

那么，怎样才是有用的问题呢？每个人对于生命的设问，决定了生命的路向。

每年大学毕业的时候，一些学生考虑的是：找一个好的工作？而另一些考虑的是：找一件适合我的事情？这两个问题带来的是完全不同的人生。前者是随波逐流的人生，后者是追寻梦想的人生，你要哪一种呢？乔布斯每天问自己："如果明天我就要死了，我会做什么？"结果他只做自己内心想做的事情，几十年如一日，把芜杂的人生修剪得非常简单，没有任何多余的负累。另一些人每天可能问的是："今天如果见到老板，我应该说什么呢？""今天中午约谁去吃饭呢？"诸如此类的问题，一定是诸如此类的生活。有些姑娘总是纠缠在"怎样嫁一个好丈夫"、"怎样做一个完美的女孩"之类的问题，越想越糊涂。

在佛陀看来，凡是有助于厌弃，有助于离欲，有助于灭寂，有助于平静，有助于通慧，有助于正觉，有助于涅槃的，就是有用的问题，反之，就是无用的。

一言以蔽之，在佛陀看来，凡是有助于解脱的问题，就是有用的问题。佛陀把人生基本定位于"苦海"，世间的任何目标是否实现，最终的结果都是"烦恼"，只有出离这个世间，出离生死的轮回，才能真正返回到本原的安乐。

所以，须菩提站起来，问佛陀："善男子、善女人，发阿耨多罗三藐三菩提心，云何应住？云何降伏其心？"意思是，当那些皈依佛法的男女产生了追求无上正等正觉、成就最高佛道的心愿，怎样才能保持这种心愿（即保持菩提心）呢？如果他们产生了妄念，怎样才能降伏他们的心呢？（他问的，是佛学或佛教最基本也是最终极的问题：如何发菩提心？如何降伏妄心？）

佛陀马上回答：你问得很好。因为这是一个寻求最终解脱的问题。那么，如何发菩提心？如何降伏我们的妄心呢？佛陀的回答简洁有力："一切有生命的存在，卵生的，胎生的，湿生的，化生的，有形质的，没有形质的，有心识活动的，没有心识活动的，以及既非有心识活动又非没有心识活动的，所有的生命，我都要让他们达到脱离生死轮回的涅槃境界，使他们得到彻底的度脱。像这样度脱了无量数的众生，但是实质上，并没有什么众生得到度脱。为什么呢？须菩提，如果菩萨的心中有了自我的相状、他人的相状、众生的相状以及生命存在的时间相状，那么，就不成为菩萨了。"

一本《金刚经》，所要解答的，就是这样一个简单而深奥的问题；所反复阐述的，就是佛陀的这一段话。这段话可以说是大乘佛教最基本的宗旨，也是《金刚经》的总纲。所以，佛陀才会说，《金刚经》是为那些"发大乘者说，为发最上乘者说"。

须菩提的终极问题

《金刚经》开头,显现了一种日常的生活场景,佛陀和他的弟子就像普通人一样,饿了吃,困了睡。然而,当须菩提突然站起来,引出一个终极性的问题,一下子,平常的场景有了不平常的氛围。然后,当佛陀开口回答须菩提的问题,就完全进入了一个戏剧化的高潮,平常相里爆发出令人震撼的力量。

是的,佛陀的平常相里有着令人震撼的力量。为什么呢?因为佛陀的安于此时此地,是以终极性的思考为基础的。也就是说,他已经把生命、把存在想明白了,然后,放下一切,就在此时此地,就在当下,很平常的样子。外表上看起来,好像和我们这些平常人没有什么两样,而实际上,完全是不同的境界。

终极性的问题,也许是关键。终极性的问题,好像是光,会照亮我们的日常,或者说,会使我们暗淡的日常变得澄澈。怎样的问题才算终极性的问题呢?怎么样嫁一个好的丈夫?怎么样炒股票?怎么样学好英语?怎样拥有健康的身体?等等。都是生活中切实的问题,对于许多人来说,都很重要,然而,都不是终极性的。为什么呢?这些问题的解决并不意味着一种终结,而恰恰是新问题的开始。比如,你得到了一个丈夫,但婚姻的问题就开始了;你获得了健康的身体,但你仍无法避免死亡,等等。

须菩提的问题是终极性的,因为它终结了所有其他的问题。当你解决了这个问题,其他的问题就变得不是问题了。因此,我用光来比喻终极性的问题。是一种穿透,也是一种停顿。当我们在日常的轨道上，突然因着某个因缘，停了下来，把自己从现实的关系中抽离出来，远远地反观自己以及处身的世界。也许不会去思考须菩提那样的问题，但可能会思考对于个体来说是终极性的问题：我到底在这一生中想做什么？以及能够做什么？

你想要什么？你能够做什么？这两位一体的问题，在我看来，是个体从日常生活里通向终极性的开始。我自己第一次阅读《金刚经》的时候，读到须菩提提问这一段，老实说，并不是很理解。更不太明白佛陀的回答是什么意思。然而，他那种终极性的思路，给予了我一个触动，我觉得我应当停下来，很安静地问我自己：我这一生到底要的是什么？当想明白了这一点，那些困难的现实难题好像都变得容易了。

既然终极性的问题是光，那么，我们是否不需要实际的问题呢？不是的。在我看来，生存本身是一个实际的过程，同时，这个实际的过程本身蕴涵着终极性的光芒，只是我们没有发现，只专注于实际的一面而已。比如，即使在赚钱这样一些很世俗的行为里，如果我们时时以终极性的问题去提升，那么，你在赚钱，但永远不会被钱所束缚，所奴役。

第3课　修广大心：从眼前的烦恼中解脱

在任何一个狭小的点上，我们都可以在禅定里越过无数的障碍，看到无限的空阔。当你在车站等车，当你一个人在家里的客厅，当你在一个无聊的会议里，当你在街上行走，当你……你都可以尝试着迅速安静下来，向着东西南北四面八方观看，用眼睛，用心灵，去感受无限绵延的空间，去想象与你同时存在的无限的事物。

这种观看和观照，不仅开阔我们的心胸，更引导我们觉知到：存在的真相并非只是我们眼前所见到的，我们的眼睛无法见到的，以及我们无法想象到的，在别处，也真实地存在着。

猫、狗、老虎也是众生

当须菩提问:怎样才能保持菩提心常住不退?佛陀一开口就用了"所有一切众生"这样一个词,强有力地,一下子就把我们从当下提升。用泰戈尔的话来说,就是一下子把我们从有限性上升到无限性。当佛陀说"所有一切众生",他一下子看到的,不只是局部的、分别的存在,不只是眼前那一千多个弟子,不只是那个叫做祇园精舍的园子,不只是园子里那几棵树,而是一个整体,一个无限大的整体。

一般人以为,众生指的是没有觉悟的普通人。然而,佛陀所说的"众生",显然不只是人类,也不只是生物界。按照他的界定:一切有生命的存在,卵生的,胎生的,湿生的,化生的,有形质的,没有形质的,有心识活动的,没有心识活动的,以及既非有心识活动又非没有心识活动的。尝试着闭上你的眼睛,根据佛陀的描述,去想象一下"众生"的世界:黑种人、白种人、黄种人;猫、狗、虎、河马、兔子;花、草、岩石;地球、太阳、月亮;微生物、微粒……你可以无限地排列下去。

在这样的排列以及观想之中,你会觉知到,你所生存的环境,不只是你的家,不只是你的小区,不只是你的城市,不只是你的办公室,不只是你的朋友、你的国家,不只是你的种族,而是一种无垠的无限性。你在无数的人群之中,在无数的植物之中,在无数的动物之中,在无数的知名或不知名的存在之中。

一种解放会随之而来,你的眼睛和心灵会发现从前没有发现的事物。从前你只关注于自己的孩子,为他(她)的一切操心,现在,你可能会留意到邻居的孩子,乃至其他国家的孩子。有那么多的孩子,在那么多不同的地方,以那么多不同的方式生活着;甚至你还会留意到那些幼小的动物,比如鱼,比如鸟,都那么在自然里生存着。从前你觉得每天接送孩子上学放学,是一个苦差,现在,你会体会到路上的形形色色,向着你敞开,是你之外的生命,另一种更广大的生活。你在观看,在倾听。活着,是一种苦,然而,不是苦役;是一种体验,一种观照。体验,以及观照,把我们带向一个广大的存在。

是的,你不是神仙,不是超人,只能在此时此地,然而,只要你的心灵不固执于眼前的事物,不固执于利益相关的事物,而随时随地,去感觉更广大的存在,去体会不可言说的无限的存在。那么,此时此地,心会把远方、把无限带到你的眼前。那么,此时此地的一切,在无限性的包围里,显得多么微不足道。在那无限的世界里,有那么多美妙的细节,那么多生动的形姿,时时刻刻,处处与我们一起生存着。此时此地的烦恼或快乐,也都显得多么微不足道。

随时随地的修心法门

须菩提等人坐在佛陀周围。佛陀告诉他们，觉悟的人对于一切都不应当执著，在布施的时候也不应该执著。如果布施的时候并不觉得自己是在布施，那么，所获得的福德大到不可思量。接着，佛陀突然问须菩提：你可不可以想象一下东方的虚空有多么广阔？须菩提听到这个问题，马上向着东方看去，也许他看到了其他的人，看到柱子，最后看到了墙壁，然后，他的眼睛就看不到了。但是，眼睛看不到的地方并不是尽头。墙壁的外面有树林，穿过树林，是一条大路，大路一直通向大海，大海流到地平线，地平线再向东，是浩茫的宇宙。

所以，须菩提回答，东方的虚空是不可想象、不可思量的。

然后，佛陀又依次问了南方、北方、西方。须菩提在片刻之间，进入禅定，向着南方、北方、西方看去，看到的，是无限的广大。

所以，他回答，无论哪个方向的虚空，都是不可思量的。

佛陀的提问，似乎只是比喻，然而，是一种修心的法门，是一种随时随地可以修行的法门。在任何一个狭小的点上，我们都可以在禅定里越过无数的障碍，看到无限的空阔。当你在车站等车，当你一个人在家里的客厅，当你在一个无聊的会议里，当你在街上行走，当你……你都可以尝试着迅速安静下来，向着东西南北四面八方观看，用眼睛，用心灵，去感受无限绵延的空间，去想象与你同时存在的无限的事物。

这种观看和观照，不仅开阔我们的心胸，更引导我们觉知到：存在的真相并非只是我们眼前所见到的，我们的眼睛无法见到的，以及我们无法想象到的，在别处，也真实地存在着。

人的身体只能处于狭小的空间。只能在厨房里，只能在办公室里，只能在教室里，只能在某个地方。大部分人在房间、汽车、商场等人造的空间里来来往往，在自己工作的机构和家庭之间来来往往。但是，就像梭罗说的：谢天谢地，世界并不限于这里。世界并不限于这里，在我们之外，有着广阔的天地。而且，我们不一定需要时间和金钱，才能离开束缚我们的圈子，去领略不限于此的更广大的世界。梭罗肯定没有读过《金刚经》，但他的看法契合佛陀的见解：快把你的视线转向内心，你将发现你心中有一千个地区未曾发现。

这确实是一种简单而有效的方法，不论我们在什么地方，在做什么，都想一想梭罗的话：世界不限于这里。都试一试佛陀引导须菩提观想每个方向的场景，最后止于空无。藏传佛教里的密宗，初步的修炼就是这样开始的，叫做"观十方虚空"。你在某个点，某个办公室，某条街上，你好像只能困在这个点上，但你只要稍稍抬起眼睛，就能看到周围的广大，不仅广大，而且充满虚空。所有的事物，其实都在虚空里。所有的点之外，是更广大的世界；所有的点本身，就是无限的世界。离开这个点，你会走得更远；在这个点上，你会走得更深。

所以，永远不必害怕，没有一个点能够把你困住，困住你的，只是你自己的心。

时间的奥秘与法则

《金刚经》开头用了一个时间概念：一时。意思是某一段时间。接下来佛陀在说法的过程里，用到不少时间概念，那些概念与"一时"完全不同，不是把我们带到一个特定的具体时刻，而是越来越漫长，直到不可思量的无限漫长。开始用的是"五百岁"，"如来灭后，后五百岁"，后来又出现一次："若当来世后五百岁"。"五百"虽然是一个很具体的概念，然而，五百年和"一时"相比，是多么的漫长。

五百年，指的是佛陀涅槃后第五个五百年，也就是末法时代的第一个五百年。按照佛陀的说法，那时候，会出现从《金刚经》的章句里产生信心的人。而这些人是"不于一佛、二佛、三四五佛而种善根，已于无量千万佛所种诸善根"。大意是，这些人不只是一个佛或四五个佛的处所种下了善根，而是在无限遥远的前世在千万位佛的处所种下了善根。无量千万佛，是多少时间呢？难以计算，只能说是无限遥远。

更难以计算的是：无量百千亿劫。劫是佛教里一个特定的时间概念，分小劫、中劫、大劫，一般佛经里使用劫这个词，指的是大劫。大劫是多少时间呢？简单地说就是地球的一生一灭。

佛陀说，即使用无量百千亿劫的时间，以身体布施，所得的福德都不如书写、领受、持行、读诵并为别人讲解这部《金刚经》那么多。在下面的经文里，佛陀又说自己，"过去无量阿僧祇劫，得值八百四千万亿那由他（古印度的数量词，相当于万亿）诸佛，悉皆供养承事，无空过者"。"阿僧祇"是无限久远的意思，加上前面的形容词"无量"，你能够想象出这个过去有多么久远吗？

　　时间是什么呢？好像是奥古思丁吧，曾经说过：时间究竟是什么？没有人问我，我倒清楚，有人问我，我想说明，便茫然不解了。读霍金的《时间简史》，很期待，时间有历史吗？时间的历史是怎样的呢？我们如何去描述时间的历史？一定是一本有趣的书。然而，读了几页，就糊涂了，发现时间不见了，变成了宇宙。在霍金的笔下，似乎时间等于宇宙。宇宙的开始，以及宇宙的终结，就是时间的历史。

　　古代印度伟大的君王弥兰陀王曾经请教圣僧那先比丘（又名龙军）：时间是否存在？那先回答：有存在，有不存在。并推论说：全时间之最初起点不可知。至于过去、现在、未来这样的时间划分则根本上是一种无明。就像《金刚经》里说，过去心不可得，现在心不可得，未来心不可得。爱因斯坦说过："对于我们有信仰的物理学家来说，过去、现在和未来之间的分别只不过有一种幻觉的意义而已，尽管这幻觉很顽固。"

　　时间是一种永不停止的相续。现在立即成为过去，而过去，也曾经是未来。每一个时间的点，都在一个流动不已、周而复始的循环里，是一个无限的整体。佛陀发现了生命轮回的秘密，每一生只是一个阶段，一个刹那，之前，有无数的前生，之后，有无数的转世。除非你真正觉悟，达到最高的境界，即：证得涅槃；就不再有转世，时间也就不再存在了。时间在觉悟者的体验里，乃是空无的幻影。禅定所觉知到的时间，不是一个孤立的点，而是一个流动着的无限的整体。每一个片刻，都是过去、现在、未来。

很多人都在赶时间。而杜拉斯说：我一辈子都在学习如何浪费时间……其实，你再赶，你的前头总有时间，你再浪费，时间还是没完没了地淹没你。时间不是一个外在于你的什么东西，时间是你的生命的本身，是存在本身。所以，每一分每一秒，都是你自己的生命在流淌，不论多么无聊，不论多么痛苦，都是你自己的生命所经历的，无所谓好无所谓坏。当佛陀说过去心不可得、未来心不可得、现在心不可得，你能够得的就只是当下。

如果说有什么善用时间的法则，那么，只有一条法则：就在当下里完成，不等待，不眷恋，不慌张，不恐惧，只是在当下里全然地去做，去觉知，去享受……任何一个当下都是自己生命的自然流淌，所以，不论在什么状况下，不论疾病还是健康，不论快乐还是痛苦，都不抗拒，不排斥，把一切的状况看作是生命本身的旋律，接受，在接受中感受生命的各种状态的美，在感受中觉知到生命的喜悦。

第4课　修慈悲心：化解来自外界的伤害

一无所求，只希望普度众生。用一个法国人的说法，就是：爱一切存在着的。爱一切存在着的，就是慈悲，就是宗教情怀。

什么是真正的慈悲心？

佛陀在说完"所有一切众生"后，紧接着就说：我皆令入无余涅槃而灭度之。那么无限的众生，不管是谁，只要是存在着的生命，我都要度脱他们，让他们得到彻底的解脱。"我"的愿望里，没有一点点自己的意愿，全是为着他人的利益。

一般人接近佛法，都是为了自己，最低层次的是把佛祖看成神灵，经常去供奉，也会采取一些"戒"，比如吃素，也会施舍一些钱财，但所有这些，为的是讨佛祖欢心，希望他保佑自己平安、富贵。较高层次的，是想通过修炼，让自己彻底摆脱对于世间现象的执著，达到清净无为的境界，这叫小乘。最高层次的，就是佛陀在这里所说的，完全不是为了自己，而是为一切众生的解脱而修行。这是慈悲心，也叫大悲心。

所谓菩提心，必须要有大悲的情怀。月称大师（古代印度著名大乘佛教论师）的名句："幼稚之人，为一己的私利而劳苦，而诸佛只为他人而努力。既已理解了两者之间，美德与缺失的显著区别，请启发我，愿我以自身交换他人。"以自身交换他人，我们不仅摆脱了劳苦、烦恼，而且也为别人带来快乐、温暖；我们舍弃自身的利益，容纳众生，最终，众生以宽广的胸怀容纳我们。

古代西藏高僧切喀瓦大师临终时，对旁边的弟子谢穹瓦说："太可恨了！事情的结局根本不合我的期望。所以，请帮我向三宝献供。"谢穹瓦问："你本来有什么期望？"切喀瓦回答："我平时都是这样祝祷的：希望一切众生的痛苦，像一大片黑烟一样，都能集结到我心中。可是，现在浮现在我眼前的，却是净土的景象。这根本不是我原先所想的。"

达赖二世喇嘛格敦嘉措临终时，他弟子恳求他往生净土后再回到人世，支持他们。格敦嘉措回答："对我而言，一点也不渴望往生净土，我倒希望转世到污浊的世间，到有众生遭受苦难的地方。"大乘的祖师龙树大师简洁而决绝地说："愿他人恶行，皆熟集于我，愿一切善，皆结果于他人。"

慈悲的神奇力量

一切有情生命，
远胜于有求必应的宝石，
我坚决要达成众生的最高福祉，
将学习，视他们为最至爱至亲。

古代西藏的高僧郎日塘巴尊者《修心八句义》的第一段，可以说是《金刚经》"我皆令入无余涅槃而灭度之"的通俗说法。朗日塘巴尊者曾经发愿：愿生生世世以比丘身度化众生。慈悲心意味着：我们个人的悲欢，个人的一切，都在众生面前显得无足轻重，只有众生的喜乐、众生的离苦得乐，才是我们唯一努力的目标。也就是说，除了度脱众生解脱之外，别无其他目标。

慈悲心的最高境界是完全的无我，或者说，把自己的肉身以及尘世间拥有的一切，没有保留地奉献出去。所以，古代印度龙树撰写的《大智度论》中记载，一群贪得无厌的乞丐，向菩萨索取眼睛、头脑、妻儿等等珍贵的东西，菩萨心中升起的只有悲悯，不发怒，也不怀疑，把一切布施了给他们。甚至在遇到饥饿的老虎之际，菩萨把自己的血肉之躯布施给了老虎，叫作舍身饲虎。

一般人会疑惑：难道我要拿自己喂老虎吗？难道那些乞丐欺骗我也要布施吗？这样的疑问，是因为我们心中有我。而在菩萨的行为里，慈悲是无条件的，是一种无须思考的当下行为。随时随地，菩萨以慈悲的心看待一切。更重要的是，菩萨没有"自我"的意识。菩萨的生命处于一个无限的整体之中，因而，菩萨对于死亡没有畏惧。所以，他可以毫不犹豫地献出自己的肉身，这个肉身只是一个假借的身体而已，只是这一世的形式而已。如果从深远的角度看，也就是不仅仅从这一世的角度看，菩萨在牺牲自己的过程里，其实获得了更深的"自我"。

当然，一般人会说，这是菩萨，我们是凡人，我们无法拿自己去喂老虎，无法把珍贵的东西给予乞丐。确实，我们是凡人，不想做菩萨，只想菩萨来帮助自己，也无法知道上一世或下一世，只能为着这一世着想。那么，好吧，我们就只是为这一世着想，仍然过着世俗的生活。世俗的生活里我们总是和别人发生关系。我们总是在各种关系里。我们的成败往往取决于我们处于怎样的关系里。紧张、冲突的关系，引发各种问题，阻碍我们的发展。而和谐的关系，推动我们的发展。

于是，慈悲心显示了非凡的力量。我们也许做不到拿自己去喂老虎，也做不到无条件地把自己拥有的施舍给乞丐。但是，慈悲心引导我们：对于别人的一切行为，保持宽容；对于别人的不幸，心怀同情；并做到《修心八句义》中所说的：

> 我将学习，毫无例外地，对每一个人，
> 直接或间接地，献出我所有的帮助和快乐，
> 并且恭恭敬敬地，以自身来取受，
> 我所有母亲的一切伤痛。

那么，我们就不会害怕别人会对我们怎么样，因为，无论别人对我们怎么样，我们的内心都只是慈悲。**如果只是慈悲地对待一切人，一切的有情生命，甚而扩展到一切的存在，还需要担心别人会算计、陷害、打击你？**慈悲把我们的生存环境变得温暖、柔软，把我们融会到一个整体性里，一个没有私欲的整体性里。

舍身喂鹰的萨波达国王

还是想说说萨波达国王的故事。

那时候，萨波达国王用慈悲治理自己的国家，引起了天帝释的担心，他害怕萨波达国王会来抢夺自己的帝位。于是，他让一位侍从变成一只鸽子，自己变成一只老鹰，想去试试萨波达国王修行到什么程度。

老鹰紧紧追赶鸽子。鸽子逃到王宫里，向萨波达国王求救，萨波达答应了它。

老鹰追了上来，对萨波达国王说："我肚子饿极了，请快把鸽子还给我。"

萨波达回答："我发誓要救度一切众生，这鸽子我不能给你。"

老鹰说："你说要救度一切众生，我难道不是众生吗？我现在快饿死了，你为什么不救我？"

萨波达国王说："那我拿别的肉给你吃。"

老鹰说："可以，但必须是刚割下来的新鲜肉，否则我不吃。"

萨波达国王感到很为难，如果为了新鲜的肉，去杀戮其他动物，那么，就和让它吃鸽子是一样的。

于是，他决定割自己的肉给老鹰吃。一块一块地割下来，总是达不到老鹰要求的分量。几乎把自己身上的肉全部割完了，昏死了过去。

天帝释恢复原形,叫醒萨波达国王,问他:"你做这样超常的善行,是为了什么呢?是想当转轮圣王,还是想当天帝释?"萨波达回答:"对这三界中的一切,我一无所求,只希望普度众生。"

一无所求,只希望普度众生。用一个法国人的说法,就是:爱一切存在着的。爱一切存在着的,就是慈悲,就是宗教情怀。

慈悲化解了一场战争

想起另一位国王的故事。

波罗奈国的国王,叫作波耶。他以慈悲管理国家,人民生活非常美满。邻国发动战争,企图占领波罗奈国。波耶王看到两国即将交战,心想:一旦打仗,会死伤很多老百姓,为我一个人的缘故,要让许多无辜的人送命,实在不忍;我宁愿牺牲自己的生命,也不放弃慈悲心。于是,他把自己的头割了下来,交给一个婆罗门,让他去献给邻国的国王。

战争因此没有爆发。这就是慈悲的抵御。牺牲了自己的生命和统治的权力,而保全了许多人的生命和生活的权利。许多的战争,假借着民族或国家的名义,实际上为的是统治者的权力。就像一首古词说的:兴,百姓苦;亡,百姓苦。

当战争即将爆发,作为一个国王,波耶王找到了最符合人性的道路,也是一条圣者的道路。他没有力量让邻国的国王不发动战争,但是,他有勇气奉献出自己的权势和生命,没有任何犹豫,他就这样做了,就这样完成了这一世的生命。

第 5 课　修平等心：看透人生的本来面目

　　佛陀不仅仅看到一个无限的整体，而且他用的是一种观照的方式。他没有任何判断，对于一切的众生，在他眼里，并没有高下贵贱之分，都是存在，而凡是存在，都是一体，众生平等。

无分别心，就无烦恼

在此时此地，你的眼睛只能看到这些树木，这些房子，看到这么一些人，而且，你看的时候，理所当然地，已经作了种种分别：这是人，那是小狗；这是房子，那是树；这是男人，那是女人……这些分别我们认为是理所当然的，从来不会怀疑。

我们就活在这些分别里。这是好的，那是坏的；这是美的，那是丑的；这是富有的，那是贫穷的；这是新的，那是旧的；这是成功，那是失败；这是应该的，那是不应该的……时刻，我们的心灵总是在作着这些分别，然后，就会有所行动，当然，也就会有情绪的反应：悲或喜，怒或乐……

当佛陀说"所有一切众生"，所有，一切，无所不包，意味着所有的开始和结局，开始的开始，时间之初，结局的结局，时间之终；意味着所有的边界之内以及边界之外。众生，意味着所有有生命的存在，甚至是所有的存在。在此意义上，佛陀的眼，可以叫作天眼。他能够穿透现象，抵达存在的最深处。

佛陀不仅仅看到一个无限的整体，而且他用的是一种观照的方式，他没有任何判断，对于一切的众生，在他眼里，并没有高下贵贱之分，都是存在，而凡是存在，都是一体，众生平等。

当佛陀说：我皆令入无余涅槃而灭度之。又接着说：如是灭度无量无数无边众生，实无众生得灭度者。大意是，像这样度脱了无量数的众生，但实质上，并没有什么众生得到度脱。佛陀把一切的生命或一切的存在，一下子，看透了。一下子，把形形色色的东西,就那么概括了,变得如此简单。一下子,就把无数个"我"想要求得的那些东西,虚化掉了。我要让所有的众生都进入彻底的解脱、彻底的寂静。虽然用了一个"我"字,但那个"我"的自我欲求一下子被佛陀否定得无影无踪。那个"我"只有广大的大悲情怀,只有众生的福祉。

而众生,虽然度脱了无量数,但实际上,并没有什么众生得到度脱。这是彻底的平等心,彻底的无分别心:众生即佛。因为众生本来就具有佛性,本来就在那里,需要什么外在的东西去度脱他们呢?更重要的是,当你真正发大悲心,去"普度众生"时,你会发现,在最终的层面,众生只不过一种幻象,是空的。与其说你度脱了众生,不如说,你证悟了众生的虚幻。这是所谓的般若,出世间的智慧。菩提心如果只有大悲的情怀,还是会执著,因而,必须同时有智慧的观照,观照到空。

一个孩子,一个老人,一个乞丐,一个美女,一块石头,一朵花……当你看到这些,你能够看到什么呢?如果你能够一下子穿透这些形色,一下子看到包含了所有过程、形色的整体,并且以柔软而洞察的心态感知他们,那么,你就在离开迷妄心的路上了,或者说,你的菩提心已经开始在形成了。

世间是平等的,因为每个人都会死

谁敢说这个世界不平等呢?无论你是皇帝还是农夫,是富人还是穷人,不论是什么样的生命,都归于死亡,归于空无。这是我们能够觉知到的最稳定的东西。权力、金钱、容貌……可能会丧失,也可能会获得,总在变易之中。只有死亡,是不可改变,是每个人必须接受的。

上天给予每个人的生活确实都不一样,给这个人漂亮一些,给那个人愚蠢一些,千差万别。人生而平等,这是美丽的梦想。

事实上,人生而不平等,生在不同的家庭注定了不同的命运。所以,有一位父亲对即将走上社会的女儿说:人间处处有不平。与马克思同时代的卓越思想家西美尔用了玫瑰的例子,说明社会平等的不可能:一个国家或城市里,人们不可能拥有一模一样的玫瑰。所谓平等,只存在于无休止的对于平等的追求之中,而永远无法达成。

人群中永远有人长寿,有人短寿;有人聪明,有人愚笨;有高山,有丘陵;有小河,有大海……最终,给予每个人的都是一样的,那就是死亡。只有死亡达成了平等。人世间所有的一切,因为死亡而成为永远的空无、寂静。所有的一切,来自空无,归于空无。空无就是空无,没有什么差别,没有什么贵贱、高下之分。

于是,《金刚经》里说:是法平等。

你我都拥有解脱的力量

佛陀在《金刚经》里说：说法者无法可说，是名说法。意思是说法的人其实并不能给你说一个绝对的法，只好姑且名为说法。仅仅《金刚经》，佛陀说了五千多汉字。加上其他的佛经，佛陀所说的法，何止成千上万的汉字。然而，佛陀说"无法可说"。在另外一个地方，他甚至说，自己说法四十多年，其实什么也没有说。说了那么多，被认为创立了一个深厚的思想体系，然而，他说自己并没有说什么。实在是奇怪。

当须菩提问他怎样保持菩提心常住不退，以及如何去掉妄心，他说要发心救度众生，但又说其实并无众生得到救度。听起来也很矛盾。不过，如果了解了佛陀的思想源流，就会觉得佛陀说这些话，并不奇怪，也不矛盾。

佛陀的思想，以解脱为最终目标。解脱什么呢？解脱世间的烦恼和生死的轮回。解脱了以后，达到什么境界呢？就是佛的境界，是清净的境界。也就是我们平常说的：成佛。

既然是解脱，也就意味着，我们并不需要成为另外一个什么，而只要回到本来的样子就可以了。佛陀认为，我们，一切的众生，本来就是清净的，只是因为妄念而迷失了本性，所以，一直在世间漂泊，得不到安宁。如果我们放下一切的执著，就可以找到返回的路，回到本源。

因而，所谓佛性，所谓佛法，并不是什么高深的道理，也不是什么玄妙的法门，而是一直就在这里也在那里的真相，佛陀并没有增加什么或减少什么,他只不过撕开一层又一层虚幻的假象,告诉我们这个世界原来是如此的,告诉我们存在原来是如此的。在这个意义上,他只是一个揭示者、一个引导者,他确实无法可说。

因而,所谓的佛性,所谓的佛法,其实并不神秘、并不珍贵,而是很普通,是每个众生都具有的东西,一直就在你的身上,一直在每个存在之中。不论你是什么,佛性,解脱的力量,都在你之中,不会因为你富有而增加,也不会因为你贫穷而减少。

因此,佛陀说:如是灭度无量无数无边众生,实无众生得灭度者。

于是,《金刚经》说:是法平等。

第 6 课　最高修心法则：不执著，心平静

一部《金刚经》，说来说去，无非就是如此。面前的那个人，那朵花，你不可能让他们消失，但是，你可以观照到他们不是一种绝对孤立的存在，而是因缘和合的结果，并且不可避免地，会生老病死，在无常之中，因而，你的心可以不受他们的干扰。无论什么人，无论什么样的花，你都如此地看着，很安静地看着，心始终在自己的心里，不会被他们牵引而动荡。

菩萨，就是不执著的众生

我还活着，正在打字，写一本和《金刚经》相关的书，我还不算太老，有着简单而清晰的过去：生于某年某月，某年某月大学毕业，某年某月到某个单位工作，某年某月担任某个职务，等等。我有许多想法和感觉，会饿，会爱，会悲伤，会欢喜，从出生以来到此刻，我一直活在这个世界上，以"费勇"这样一个名字，还有身份，比如有一段时间我是一个老师，有一段时间我是一个媒体的管理者，我是一个男人，我出生在浙江，等等，有很多属性好像可以用来界定我。我并不虚无飘渺，从镜子里，从别人的眼神里，我很真实地看到我自己。

同时，我还和别人一起活着，无数的人和我在一起，他们或者是我的同事，或者是我的朋友，或者是我萍水相逢的人，或者是我从来不曾相遇过的人，总之，我在人类之中，是人类的一分子。无论我见到还是没有见到，所有的人都实实在在地活着。就如此刻，我可以看到窗外的孩子，看到更远处街道上的行人，男人和女人，都在向着某个方向走去。他们都很真实，我能看到他们的五官，以及他们的身高、服饰，等等。

在人之外，还有更广大的存在物，他们也很真实，我每天可以看到、听到、触摸到。比如草木，比如动物，比如河水……比如楼房，比如街道，比如汽车，比如电线杆……比如订书机，比如笔和纸，比如玻璃杯……这一切，就在我们的日常生活里，就那么存在着，没有人说他们是假的。

我能够觉知到似乎是无形的时间。因为我真切地感觉到自己在变老，真切地看到别人在变老，也看到周围的一切在变化着。这个人活了八十岁，那个人活了三十岁。这个朝代延续了一百年，那个朝代延续了两百年。无论我自己，还是别人，都喜欢生命更加长久，喜欢自己喜欢的事物永远不会消失。每一天，你看到太阳升起，看到太阳落下，看到月上柳梢头。每一个时间的段落，都是真切的，不容怀疑。

然而，如果我对佛陀说上面这些话，佛陀会微笑，也许不说什么，但我能够感觉到他的意思，他的意思是你说的只不过是你所觉知到的，实际上，存在的真相可能是另一回事。你离觉悟的路还很远。

佛陀要说的是：若菩萨有我相、人相、众生相、寿者相，即非菩萨。显然，我刚才讲的全部是我相、人相、众生相、寿者相，因此，我肯定不是一个菩萨。什么是菩萨呢？菩萨的梵语是"Bodhisattva"，又译为菩提萨多、菩提萨埵、觉有情、大士等。"bodhi"是智慧、觉悟的意思，"sattva"是有情众生的意思。合起来，菩萨就是觉悟了的众生。那么，我还不是一个觉悟的众生，还在迷惘的路上，所以，诵读《金刚经》是一种必要。因为金刚经所讲，无非是：如何成为菩萨，成为一个觉悟的人。

《金刚经》最高修心法则：不执著

众生何以是众生？因为没有觉悟。何以没有觉悟？因为还执著于我相、人相、众生相、寿者相。关于这四种相，字面上的意思是自我的相状、人的相状、所有生命的相状、生命延续时间的相状。如果进一步推敲，佛陀指的是，关于自我的意识，关于人的意识，关于生命的意识，关于生命延续时间的意识。佛陀认为这些意识束缚了我们的心灵，如果我们想进入自由的境界，那么，就应该摆脱这四个意识。

日本著名禅学思想家铃木大拙把"我"解释为"自我意识"，把"人"解释为"人"，把"众生"解释为"存在"，把寿者解释为"灵魂"。

丁福保的《佛学大辞典》中解释：我相，于五蕴法中计有实我，有我之所有也；人相，于五蕴法中计我为人，异于余道也；众生相，于五蕴法中，计我为五蕴而生也；寿者相，于五蕴法中计我一期之寿命，成就而住，有分限也。

六祖认为这四种相是修行人常犯的毛病，心有能所，轻慢众生，名我相；自恃持戒，轻破戒者，名人相；厌三涂苦，愿生诸天，是众生相；心爱长年，而勤修福业，法执不忘，是寿者相。

孟祥森先生把六祖的话翻译成现代文：修行的人有四种心态，心里以为有能动的主体和所动的对象之分，也就是有自我和非自我之分，因而对其他生命产生轻视傲慢的态度，这叫"自我心态"；自己以为自己能守持戒律，而轻视犯了戒律的人，叫做有人我之分的心态；厌恶生前死后的种种灾难苦痛，而一心想着上升天国，是凡夫的心态；心里贪爱长寿，为此勤做善事，烧香供佛，练功打坐，把佛家的道理把持不放，是追求长寿者的心态。

还有许多说法，在解释上有些微的差别，但基本的意思是一样的。所谓四相，从我延展到人类，再延展到一切生命，最后延展到时间，其实已经涵盖了空间与时间的一切现象。《金刚经》里反复强调的无我相、无人相、无众生相、无寿者相，确实可以概括为"无相"。

《金刚经》里反复强调，为什么能够觉悟呢？因为无相。那么到底什么是无相？

有人从字面去理解，以为无是没有；相是相状、特质，泛指现象，连起来，无相就是没有现象的存在。许多人确实是如此理解佛教里的空无概念，以为是没有，是虚无，是不存在。因而，佛教常常被认为是一种悲观、消极的思想。而事实上，佛教里的"无"，并非"没有"，而是指一种境界，一种经验之先、知识之先的超越的境界，或者以诗意的说法：空无就是概念前的视境。赵州狗子《无门关》："将三百六十骨节，八万四千毫窍，通身起个疑团，参个无字。昼夜提撕。莫作虚无会，莫作有无会。"无不是没有，而是一种没有受"概念"污染的"有"。也可以说：既非没有，也不是有，是一种"在"。

如果把相解释成现象，那么，所谓无相，并非要把现象虚无掉。现象是客观的存在，比如那些人、那些植物，你无法抹杀他们，即使真的消灭了他们，也无法否认他们的存在。因此，《金刚经》所说的无相，重点不在于相的有与无，而是如六祖所说，在于我们看待相的心态。无相，就是不受各种现象的牵引，不受制于对象。吴汝均编著的《佛教大辞典》：无相，不具有相对的形相，不执取对象的相对相、差别相。在这个解释里，其实包含了相的另一个意义：独立的自性。那么，无相就是：任何现象都没有独立自足永恒的自性。因为如此，我们对一切的现象都不应该执著。这就是《金刚经》昭示的最高的修心法则：对于一切的现象都能够觉知到空性的真相，从而没有任何执著，达到自由自在的心境。

  一部《金刚经》，说来说去，无非就是如此。面前的那个人，不论多可恶，你没有办法让他消失，但你可以观照他这个人，观照自己何以对他厌恶，从而改变自己的态度，完全不再产生厌恶。任何一个人，无论对你做什么，你都明白不过一种因缘，一种注定会消逝的虚妄现象，不会骚扰你的心；面前的那朵花，不论多美丽，你也没有办法让它永存，但是，你可以观照到它不是一种绝对孤立的存在，是因缘和合的结果，而且不可避免地，会慢慢凋谢在无常之中，因而，你的心明白它的美一定会消失，因而不会被眼前的美所摇荡。无论什么人，无论什么样的花，一切的一切，你都如此地看着，很安静地看着，心始终在自己的心里，不被它们牵引而动荡。

放下不等于放弃

不要被对象所奴役。这种思想在古代中国、希腊都可以发现，例如老子。不同的是解决的方法，老子的办法是"不见可欲"，凡是能够引起欲望的东西都尽量不要去看、听、品尝，那么，就可以不执著了。比如一个美女走过你面前，你最好闭上你的眼睛，因为没有看到，也就不会激起你的欲求，当然也就不会有烦恼了。犹太教教士不会闭上眼睛，他会看着，并且赞叹，然而，他赞叹的不是美女，而是那个上帝，因为上帝创造了美女。他把欲望转化成了对上帝的仰慕。这两种方法在某种程度上是一样的，都是借压抑、克制来解决问题。如果从心理学的层面看，压制并非不执著，而是另一种执著。因为还没有放下，所以，就需要压抑、克制。如果放下了，就不需要闭眼睛，也不需要一个上帝来作为中介。

佛陀所说的不执著，其实是放下。怎样才是放下？应无所住而生其心，大意是对于存在的一切不滞留不执著而心念流淌。这是《金刚经》里只出现了一次的话，却把不执著、放下的含义说得清清楚楚。难怪这句话曾经启发了岭南的樵夫惠能，驱使他立即离弃俗世，走上一条彻底的灵的道路，成为禅宗的一代宗师。

应无所住而生其心。一个"生"字，透露出无限的生机、活泼的气息。那颗不执著的心并非死寂的、压抑的，而是生机勃勃的、活泼的。

还是回到美女，如果一个菩萨看到美女，会怎么样呢？我想了很久，仍然难以回答，不过，有一点是肯定的，菩萨不会回避一个美女，也不会去赞美上帝。一个美女走过菩萨的眼前，实在不是一件什么特别的事情，很平常，就像你每天要见到太阳，见到树木一样，就像每天要见到街上无数的面影一样。一个美女，只是一个美女，没有什么特别的。有无数的女人和男人，有无数的树木，有无数的星星。菩萨都看到了，所以不觉得什么特别。当然，菩萨也会觉知到她的美，甚至能够体会她的美所带来的愉悦，至少在俗世的层面，她确实是美的，她的躯体可以引起快感。但菩萨更会觉知到她的美在变化之中，比如衰老，菩萨也知道她的躯体不过是血肉之躯，和所有的人都一样，等等。所有的这一切，菩萨都明白，所以，菩萨一定不会沉溺于那种美和愉悦，更不会因为她而生起烦恼。

不过，我不是菩萨，仍然无法告诉你菩萨遇到美女会怎么样。我只是在猜想：大概不会怎么样。我可以告诉你的是三个故事，关于美女或女人的故事。

第一则来自《大智度论》，说是美女当前的时候，如果是一个淫荡的男人，会觉得她很美妙；如果是一个女人，会嫉妒她，会觉得她讨厌；如果是一个修行者，会看到她的各种缺点，透过不净观觉悟；如果是一个男同性恋者（这是我编的），会无动于衷，好像只是在看一块泥土或木头。美女就是那个美女，但在不同的人那里，会有完全不同的反应。《大智度论》的有趣在于，最后的假设是，如果那个美女的内心是清净的，那么，前面说的四种人，看到她，也就没有什么不同的想法了，都只是清净。这里似乎要告诉我们：你自己如果彻底地不执著、放下、彻底地清净，你就不会成为别人的对象。美女不只是一个客体，她也可以成为主体。也许更深的含义是：如果彻底放下，就不再有什么主体与客体的区分。

第二则来自中国的禅宗，说是一个老太太供养了一位禅师，一年后，她让自己年轻漂亮的女儿赤裸着身体去送饭，想考察一下禅师的功力，结果，禅师对于她的女儿毫无兴趣，好像没有看到一样。按理，说明这个禅师的修为了得，应该得到奖赏。但出人意料，老太太大骂：一年间只养了个俗汉。就把禅师赶走了。那么，这个禅师应当怎么做呢？我想了很久，没有答案，好像明白了，又没有办法说出来。仿佛是做也不对，不做也不对。这是一个度的问题，很微妙。既不是禁欲的苦修的，也不是放纵的散漫的。好像怎么做都可能被老太太赶走。

再看第三则，也来自中国的禅宗，流传很广，说的是一对师徒到了河边，遇到一个女人，无法过河，师父就背着她过了河。徒弟很困惑，一个修行的人怎么能够去接触女人的身体呢？走了一段路后，他终于忍不住质问师父为什么背那个女人。师父的回答是：我早就放下了，你怎么还没有放下？

这三则故事有不同的旨趣，然而，都显现了佛教生动的一面，至少都传递了一个强烈的信息：佛教并非是禁欲的宗教，当然，更不是纵欲的宗教。那么，佛教是怎样的宗教呢？

不执著于观念，就不会受负面情绪的伤害

应无所住而生其心。而事实上，我们大部分人的生活是：有所住而生其心。科学家把花生装在一个玻璃瓶里，放到猴子的面前，猴子立即盯着花生，乱抓乱摇，急切地想把花生拿出来，然而，只要它的眼睛只看着花生，就永远无法拿出来。如果它的视线离开花生，从一个广阔的视野去看瓶子，也许它会发现瓶口在哪里，从而找到拿出花生的方法。但是，猴子的眼睛就是牢牢地盯着花生，因而，它就一直在那里跳来跳去，始终得不到花生。

猴子不愧为人的祖先。其实猴子只盯住花生的这一形象，也恰恰是我们大部分人的形象。难道不是吗？我们大部分人活着，就是为着眼前的花生在奔波、操劳。我们的心思，全部聚焦于我们想得到的东西上面。我们得到了这颗花生，然后，又盯着新的花生。花生本身没有什么不好，它是一种美味，带给我们愉悦。然而，许多人的问题，或者更严重地说，是疾病，在于他们让花生凌驾于自己之上，成为生活的主体，乃至唯一的目标，自己的生命在花生面前，反而萎缩了，好像变成了一架机器。

而且，很多时候，花生会变成虎皮，变成比生命更重要的东西。有一个人被老虎叼走，他的儿子拿着枪赶来救他。那个人对他儿子大喊：射它的脚，不要射它的头，因为虎皮很值钱。为了值钱的虎皮，连自己的命都可以不要。一颗颗的花生，吸引了我们所有的注意力，又变成了一张张的虎皮，把我们的生命以及心灵禁锢在形相的牢房里。我们活着，全然是为着某个对象，我们

的自己完全消失了。这是扭曲的生活,然而,大家都习以为常,为什么会习以为常呢?因为还有另一个牢房囚禁着我们:观念。

观念构筑了一个更深刻更坚固的牢房。每个人都活在自己的观念里,按照认为应该的去行动,很少有人会停下来,细致地反思自己的观念。而每个人的观念,并非每个人本身具有的,而是出生以后家庭、社会所赋予的。

我们自己的烦恼,来自我们的观念。比如,一个女人被男人摸了一下手,如果在现代,一般人并不觉得是多么严重的事情,但在理学盛行的宋代,那个女人可能觉得只有砍掉自己的手,才能保持自己的清白。因为她脑子里全然是贞洁观念。人与人之间的争斗,一半来自名利,一半来自观念,而根本上,来自观念,因为名利的重要与否,取决于人们的观念。不同的观念,导致无数的战争,人们为自己的信仰而战。

归纳起来,各种各样的形相包围着我们,引起我们的喜爱和厌恶,各种各样的观念隐藏在我们的心底,支配着我们的行为。我相、人相、众生相、寿者相,实际上可以简单地分为两种:有形的相与无形的相。前者是物质层面的,后者是观念层面的,这两个层面构成了我们实际的生活状态,我们就在这个状态里喜怒哀乐、生死轮回。《金刚经》所要告诉我们的是,我们所赖以生活的形相和观念是虚妄的,是妄相和妄见,必须从它们构筑的牢房里解放出来,回到你真正的自己。

现在,可以回答佛教到底是什么样的宗教这个问题了。在我看来,用解放这个词来形容佛教也许是最贴切的。佛教的不执著、放下、清净,是人的一种自我解放。从哪儿解放出来呢?从我们所执著的形象（妄相），以及所执著的观念（妄见）中解放出来。佛教的种种学说，无论哪种法门，都是把人从虚妄的物质世界和褊狭的观念世界里解放出来，成为真正的人。《金刚经》讲空，讲无相，也无非是让人看清存在的真相，从而达臻自由的境界。可以说，佛教是充满了自由精神的宗教，是对于一切既定的体系和意识充满了怀疑和反叛的宗教，是唯一的没有偶像崇拜的宗教。

应无所住而生其心。如果细细品读，你一定会感受到这句话里流溢着自由的气息，以及生命的律动，是一句充满着诗意的话。心是活泼的、是生动的，因为觉知到了一切的形形色色，一切的情感思绪，一切的理念意识，一切的一切，都经过心的反映和观照，像水流过，像风吹过，不会粘滞，不停留，不痴迷，不贪婪，不感到任何不愉悦的情绪，不受一切的束缚。

第 7 课　不要让实现目标的过程成为煎熬

这是佛陀发现的一个根本的点。无论你用什么手段，无论你通过什么达到了何种目标，最初与最终的目的都只有一个：对于一切的一切都不执著。也可以说是解脱，不著相。也可以说是：自由。

佛陀在《金刚经》里指出了一条彻底自由的道路：不执著。这条道路随时随地，就在我们的面前，就在我们的身上。无论我们做什么，无论在哪里，在什么时候，你都必须不执著，不粘着于任何事物，你的心总是在观照，在觉知，总是在自由之中。

赚钱是一种手段,不是生活的目的

桥只不过是一种中介、一种手段,目的是让我们从此地到达彼岸。所以,我们只是走过桥梁,而不是停留在桥梁上,即使停留,也多半是为了看看风景,然后,还是要去到对岸。没有人会一直停留在桥上。

然而,德国哲学家西美尔发现,在人类的实际生活中,我们往往站在了手段的桥梁上而忘记了彼岸,在桥梁上安了家。他说的是金钱。金钱的产生是由于交换的需要,你有一把刀,但你并不需要它,而是更需要一把盐,于是,你必须去找到一个拥有盐而需要刀的人,和他交换。人类曾经处于这样物物交换的时期,但很快,发明了金钱(货币)。把货币作为一个中介,免去了很多麻烦,那个拥有刀而需要盐的人,不必再费劲去寻找拥有盐而需要刀的人,他只要直接拿着钱去购买。

因此,人们只要赚钱就可以了,因为钱可以买到他们需要的东西。但是,这个过程延续到资本主义时代,人类已经忘记了金钱只不过是一种手段,最终的目的是为了那把刀或盐,是为了你需要的东西。钱成了目的,人们活着就是为了赚钱。金钱成了我们这个时代的上帝。人们从小开始,就被培养成如何成为成功者,而成功者的唯一标志就是金钱。人们完全忘记了:赚钱本来是为了你需要的东西,一旦你获得了你需要的,金钱就变得毫无意义。人们为金钱而金钱。手段成为了目的。

西美尔的观察揭示出一个事实,那就是,人类生活的许多烦恼,许多执著,其实在于:我们站在手段的桥梁上而忘了达到彼岸。金钱本来是人类为了方便而创造设置的,只是工具,是被人类所利用的,但后来,它却变成了主体,反过来主宰人类。人类在赚钱的过程中停了下来,粘着在金钱的上面,满足于每天或每个月数着自己赚到的钱,然后盘算着明天或下个月再赚多少钱。赚多少钱,成了目的。而人的一生,真正的目的是要达成什么样的人。为了达成什么样的人,当然需要金钱,需要别的什么,然而,都是手段,都是为了要达成你那个终极的目的,而不是反过来:为了要赚钱,你要变成一个什么样的人。

《大智度论》中说,在一切财宝里,人命第一,人是为了活命才求财,而不是为了财货而求命。许多人却颠倒了这种关系,就像我们常常从社会新闻里看到的悲剧:遭遇抢劫时,为了保护自己口袋里的几百块钱甚至几块钱,不惜以死相拼。金钱高于一切的观念渗透在人们的血液中,人们为了金钱而活着。

日常世界成为一个颠倒的世界,大部分人迷失在手段的歧路上,而忘了生命真正的方向和目的地。如果我们安静下来,回到自己的内心,倾听灵魂的呼唤,明白自己真正想要去什么地方,然后坚定地朝着那个方向走去,那么,尘世里的烦恼也就微不足道了。但我们大部分人,要么不知道自己要去什么地方,要么知道了而不够坚定,因而,整个的生命,成为一种浪费,重复着没有意义的事情。

过河之后要拆桥

把手段当成了目的，是一般人常常迷失生命方向的原因，也是之所以会烦恼的重要原因。佛陀的"四谛说"，其实是要提醒人们不要迷失在各种手段的杂草里，而要回到生命的根本上来。在《金刚经》里，佛陀更进一步，认为修行者执著于各种修行手段，也是一种障碍，一种烦恼。把修行的方法看得很重，停留在那个形式的上面，而忘了修行的真正目的。也是一种执著，和执著金钱、美女没有什么两样。所以，就如庄子提醒人们得到了鱼就要忘掉捕鱼的工具一样，佛陀再三告诫他的弟子，他自己所说的佛法对于修行者来说，就好像渡河的筏，过了河登上岸就要舍弃。

那么，如何做到登上岸就舍弃呢？佛陀提出了一个革命性的修行原则：手段即目的。其实并没有什么桥梁，每走一步就已经在彼岸。以布施为例，复次，菩萨于法应无所住，行于布施。这是佛陀对于须菩提"云何应住？云何降伏其心？"的进一步回答，特别强调了菩萨不应该以执著的心态去布施。佛陀并没有说不需要布施，他说的是：菩萨于法应无所住，行于布施。布施是必需的，一切的修行，都必须借助行为而达成。或者说，一切的修行都需要一定的工具，比如像车那样的工具。佛教有所谓"三乘"的说法，"乘"就是车的意思，三乘就是三种通行的车。第一是声闻乘，也叫小乘，通过领悟"四谛说"而证得阿罗汉果；第二是缘觉乘，也叫中乘，通过领悟"十二因缘说"而证得辟支佛果；第三是菩萨乘，也叫大乘，通过空性的领悟而证得无上菩提。三乘各有自己的修行方法，大乘的修行方法主要有六度（又叫"六波罗蜜"，意思是六种到彼岸的方法）：布施、忍辱、持戒、禅定、精进、般若。

布施是一个起点，最终的目的是解脱。佛陀在"行于布施"之前，有一句：菩萨于法应无所住。他的意思是，菩萨应该以不执著的心态去布施。布施的目的是为了不执著，为了解脱，而佛陀又说你必须用不执著的、解脱的心态去布施。在这句话里，佛陀显现了他独特而伟大的思想方法：手段就是目的。布施是起点，同时，在这个起点上，你已经达到终点。因此，佛陀所提出的六度，并非意味着，你必须先修习完布施，然后去修习忍辱，然后去修习持戒、禅定、精进、般若，然后到达解脱。佛陀完全不是这个意思。他的意思是，在每个阶段上你都可以，而且必须进入最终的目的，佛法的修行和英语的学习，从一级到六级完全不一样，知识的积累可以分成一个一个的阶段，但智慧的开悟则是另一种更深刻的学习，是整体性的，是同时性的。

回到布施。佛陀说，不执著于色而布施，不执著于声音、香气、味道、触觉而布施，总之，不执著于相而布施。为什么这样说？因为一般修行的人在布施时容易产生怜悯心，以为布施的对象比自己贫穷，也容易以为自己在积德而希望获得回报，等等。布施是一个实际的行为，简单地说，只不过把自己的东西施舍给别人的行为。比如最经常地把自己的钱给一个乞丐，最彻底的，出家人在出家前把一切的财物施舍给有需要的人。为别人讲解佛法,也是一种布施,叫"法布施",给别人无所畏惧的勇气,也是一种布施,叫"无畏布施"。无论怎样的布施,都是一种实在的行为,但佛陀说必须做到无相,才是真正的布施。无相布施当然不是不布施,而是布施的时候,不执著于布施这种行为,不执著于我是布施者他是接受者这样的分别,没有任何的要求得到回报的意识。只是很自然的行为,很自然的舍弃,当你把钱布施给一个乞丐的时候,你并不觉得他是乞丐,他只不过是和你一样的人类,也不觉得你的钱有多么重要,你给予他,就像太阳发出光芒一样,照耀任何可以照到的地方。你就在那一个布施的时刻里得到解脱。

忍辱、持戒等等,也是一样,在你忍辱的时刻,在你持戒的时刻,你并不是在积累、在等待,而是在当下,你就不执著于忍辱或持戒本身,当下就达到那个最终的目的:解脱。因为解脱而自由地活着。这是《金刚经》发出的伟大信息,修行不是一个漫长的过程,不需要等待,而是当下就可以达成,当下你就是一个自由的人。在无论哪个修行阶段,你都可以直接抵达终点。

目标可能成为你扫除焦虑的障碍

现代社会的学历有个次第,比如学士、硕士、博士等等,佛教的修行也有个次第,小乘佛教里有四种果位,第一是须陀洹,第二是斯陀含,第三是阿那含,第四是阿罗汉,一个比一个趋向彻底的觉悟。第一个果位须陀洹意为初入圣者之流,所以又叫"入流";斯陀含意为"一往来",已经领悟了四谛的道理而断灭了与生俱来的烦恼,但仍需在天上和人间各生一次,才能最后解脱;阿那含意为"不来",已经完全断除了欲界的诱惑,不会再在这世上转生;阿罗汉意为"不生",已经彻底觉悟,进入涅槃,不再处于生死轮回之中。这是渐进式的,须陀洹之后是斯陀含,斯陀含之后是阿那含,阿那含之后是阿罗汉。

因此,一般的修行者常常想着一个目标,一年或多年后我要修到什么果位,然后,到一定时候会评估:我已经达到了什么果位?是须陀洹还是阿那含?如果是阿那含,就会想:我已经证得了阿那含,接下来我要去修阿罗汉。

佛陀却说这样的意识阻碍我们的修行,阻碍我们达到真正的目标:解脱。他启发须菩提,一个达到须陀洹的人不能想着自己已经得到了须陀洹的果位,因为须陀洹名为入流,实际并没有什么可入的;一个达到斯陀含的人不能想着自己已经得到了斯陀含的果位,因为斯陀含名为一往来,实际我们并没有往来;一个达到阿那含的人不能想着自己已经得到了阿那含的果位,因为阿那含名为不来,实际上并没有什么不来;一个达到阿罗汉的人不能想着自己已经得到了阿罗汉的果位，因为一旦有这样的念头，就着相了，就着了我、人、众生、寿者的相了。执著于相，无论是哪一种相，就不是阿罗汉。

已经达到了阿罗汉的境界，但不能有一点点的念头以为自己已经是阿罗汉的境界了。佛陀所要求的，不仅仅是不执著于手段，而且，对于所谓开悟的境界也不要执著，对于修行的目标本身也不要执著。不要一心想着我要达成什么，然后想着我已经达成了什么。佛陀说，你不需要这样，因为你只要就在此时此地，做你自己，你就已经抵达了。就在此时此地，在你自己心中，你不需要一个外在的更远的目标，不需要去验证你到了什么阶段的果位。你已经达成了。

对于金钱、美女、权力不要执著，一般人很容易理解，也很容易去践行，但是，一般人容易堕入的怪圈是，不执著于金钱，就执著于清贫，不执著于美色，就执著于禁欲，对于一种东西的放下，是以新的执著为代价的，否定了这个，就肯定了那个，反对这个，就赞成那个。但是，佛陀开创了另外一种全然不同的思路，当他否定这个时，并不意味着肯定那个，当他反对这个时，也并不意味着他赞成那个。他引导我们，越过非此即彼的狭隘空间，回到一个更深邃更开阔的境界。因此，佛陀在《金刚经》里所说的不执著，不只是对于某些东西不执著，而是对于一切的一切都不要执著，包括对于佛教的修行手段，以及修行目标，也不要执著。不执著，自由的心态，不受一切的奴役，才是唯一的目的，也是最高的原则。必须把这个原则贯穿到所有的修行之中，才可能真正达到解脱。

这是佛陀发现的一个根本的点。无论你用什么手段，无论你通过什么手段达到了何种目标，最初与最终的目的都只有一个：对于一切的一切都不执著。也可以说是解脱，不着相。也可以说是：自由。

佛陀在《金刚经》里指出了一条彻底自由的道路：不执著。这条道路随时随地，就在我们的面前，就在我们的身上。无论我们做什么，无论在哪里，在什么时候，你都必须不执著，不粘着于任何事物，你的心总是在观照，在觉知，总是在自由之中。

不要让实现目标的过程成为煎熬

很多时候，我们活在手段里，我们不知道我们的真正目的是什么。比如金钱，我们不断地赚钱，赚更多的钱，但是我们不知道赚了钱是为了什么，只是在为着钱而奔波。再比如婚姻，我们不太明白婚姻的真正目的是什么，只是觉得到了结婚的时候就该结婚，只是因为社会规定我们结婚才结婚。再比如求学、工作等等，很多人并不知道上大学是为了什么，只是因为社会的氛围如此，大家都上大学，于是，就拼着命考大学，等等。

很多人，一辈子没有弄明白自己活着到底想要什么，或者说，没有弄明白自己活着的真正目的，因此，一辈子在随波逐流，在赚钱的过程里，在婚姻的过程里、在工作的过程里，等等，在一切的过程里烦恼着、痛苦着、挣扎着。

因此，很多时候，我们必须要面对的问题是：我到底想要什么？我能够做什么？如果不明白这两个问题，我们的生活基本上是活在各种过程里，永远没有一个确定的目标，永远沿着社会为我们设定的目标而活着，纯然是一种盲目的动物性的生活，一种被动的乃至是失败的生活。

这是许多人的生活状况，一辈子都没有弄明白自己的生命到底需要什么，以及自己能够做什么，只是在随波逐流。大家都在移民，所以，他也要移民；大家在买股票，所以他也要买股票；大家在学钢琴，所以，他也要学钢琴。他不明白的是，移民也罢，股票也罢，都只是手段，重要的是自己的目标到底是什么，如果这个手段能够最迅速地达到自己的目标，才是值得去做的，否则，就毫无意义。所以，很多时候，我们必须冷静下来，问问自己：我到底想要什么？我能够做什么？

许多人想明白了这个问题，知道自己想要什么，而且知道自己能够做什么，更知道自己如何达成自己想要的，坚定地向着这个目标前行。这样的人往往能在某个领域做出成就，即使不是什么伟大的成就，但也常常自得其乐，因为是在做自己能够做的而且是喜欢的事情。

在世俗的层面，这种人生没有什么遗憾，可以称作成功的人生。然而，在佛陀看来，这种人生仍然隐藏着巨大的缺陷，并没有得到最终的解脱，因为在目标实现之后，会有新的目标。仍然是一种手段式的生活，为了一个目标，忍受各种痛苦，期盼着那个目标。到达那个目标后，快乐非常短暂，很快就有新的目标出现，然后，又是在手段的路途上。

佛陀在《金刚经》里所启示的生活，是超越了手段、目的的生活，是一种全然当下的生活。你可以有各种各样的目标。比如你想买一套房子，比如你想成为一个企业家，比如你想成为一个演员，等等。

佛陀并没有要求你抛弃这些目标，你可以有这些目标，但是，佛陀所希望的是，你必须领悟到，这些目标，所有的目标，只是生活的自然过程，并不是一个束缚，也不是一个等待。在那套房子得到之前，你在努力着，然而，你的努力不是一种煎熬、一种等待，而是一种活着，一种生命的展开。在那个所谓的目标，比如那套房子得到之前，你应该在每个当下，就享受生命的喜乐。生命的喜乐、活力，在每个时刻都蕴藏着，是无须等待的。也许，佛陀所要告诉我们的是：真正的目标只有一个：当下的享受。在每一个当下享受生命，这才是全然的人生，完整的人生，本色的人生。

如果你现在不休息,你就永远无法休息

于是,又回到那个故事。

一个人在河边晒太阳,另一个走过来,指责他:你怎么这样懒惰,为什么不去好好工作?那个人就问,工作是为了什么?另一个人回答:为了赚钱。那个人又问:赚钱为了什么?另一个人回答:为了享受。那个人就说:我现在不就在享受吗?这是一个非常有趣的故事,流传着不同的版本。网上有一个版本是这样的,说是有两个朋友离开城市去旅行,无意中到了一个偏僻的岛上,像世外桃源那样美丽,其中一个马上决定不回城市了,就在这个岛上搭了房子,每天打打鱼,看看日出日落。另一个人回到城里,忙着去融资,忙着做方案,要把这个岛开发成房地产,忙了很多很多年,头发秃了,身体发胖了,但是,终于成了成功的开发商,赚了很多钱,然后,他说要退休了,就在海边买了幢别墅,开始享受人生。而他的同伴,一开始就享受了人生。这也许是寓言式的故事,然而,好像就是真实的生活情景,我们在日常里到处看到另一个人的身影,偶尔,看到他的同伴的身影。至于我们自己,好像总是在犹豫之中打发岁月,在半推半就之中时光倏忽老去。

还有一个更有趣的版本,来自印度,是我从奥修的书里读到的,奥修说这个故事很美。亚历山大大帝听说一位名叫戴奥真尼斯的隐者,于是,就悄悄去找他。亚历山大在某条河边找到了戴奥真尼斯,发现他光着身子在晒太阳,亚历山大看到了一个一无

所有的人,然而,是一个很美的人,一个很优雅的人。

于是,亚历山大就问:"先生,我能够为你做些什么吗?"

戴奥真尼斯回答:"只要往旁边站一点,因为你挡住了我的太阳,如此而已,我不再需要什么了。"

亚历山大又说:"如果有来世,我会要求神把我生成戴奥真尼斯。"

戴奥真尼斯笑着说:"不必等到来世,也不必请求神灵,你现在就可以成为戴奥真尼斯。"又问亚历山大:"我看你一直在调动军队,要去哪里?为了什么呢?"

亚历山大回答:"我要去印度,去征服世界。"

"征服了世界之后你要做什么?"戴奥真尼斯问。

"然后,我就会休息。"亚历山大回答。

戴奥真尼斯哈哈大笑:"你完全疯了。你看我现在就在休息,而我并没有去征服世界。如果你想要休息和放松,为什么不现在就做?我要告诉你:如果你现在不休息,你就永远无法休息。你将永远无法征服世界,因为总还有一些东西还要被征服……生命很短,时间飞逝,你将会在你的旅程中死掉。"

你将会在你的旅程中死掉。确实,我们很多人在人生的旅程里死掉了。然而,如果生命的真正目的就是享受,那么,并不需要什么旅程,开始就是结局。如果开始就是结局,那么,我们并不会死在旅途之中,我们只会活在当下,活在当下的完成里。

第 8 课　生死的秘密

一切的形相，都是虚妄的。你只有发现了一切的形相都是虚妄的，你才能见到如来，才能把握那个真正的实在。这句话意味着，我们生活在假象之中，如果你要得到解脱，必须去寻求那个真相。满月宴会上那个说孩子会死的人，或者谷崎润一郎的小说里那位意识到美女也会排泄的男子，和一般人相比，已经看到了一部分的真相，然而，死亡也罢，排泄物也罢，都不是最终的真相，它们是低层次的真相。

《金刚经》里，佛陀说了最彻底的话：凡所有相，皆是虚妄。若见诸相非相，即见如来。那么，也就指出了最终的真相：空。

直面真相,是觉悟和解脱的开始

有一家人的小孩满月摆酒,请了许多人来祝贺。客人们送了很多礼,当然,也说了很多祝贺的话。这个说:这个小孩的面相真好,将来一定是个大官。那个说:这个小孩的眼睛很有灵气,将来一定是个大才子。诸如此类。主人听了非常高兴,一一答谢,还请他们就座吃饭。这时,突然冒出一个冷冷的声音:这个小孩以后肯定会死。主人大怒,让仆人把说话的人赶了出去。

据说这是一个民间故事。我是从鲁迅的杂文里读到的。鲁迅用这个故事感慨的是,说假话的都得到好的招待,而说真话的却被赶了出去。说真话的确实被赶了出去,但是,那些得到款待的,也并非是因为说了假话。那些人说的,其实是祝愿的话,或者用通俗的说法,是好听的话。为什么好听?因为折射了主人自己的愿望,主人自己愿意他的孩子升官发财,愿意他成就大事。听到别人的口里说出了自己的愿望,当然高兴,当然愉快。说的人其实没有什么错,听的人高兴,其实也没有什么错。**一切的问题也许在于: 生活中许多想不开,许多执著,是因为我们把这个愿望当作了现实。** 这个刚刚满月的孩子,也许会当大官,也许会当大作家,也许会发大财,这都有可能,然而,仅仅是个愿望,是个尚未实现的愿望。对一个刚刚满月的孩子来说,未来有无限的可能性,但只有一个可能性是真实的,那就是他以后——不管是什么时候——肯定会死掉。他也许会成为大官,也许会成为大财主,也许会是一个士兵,或别的什么,都是不确定的,但死亡是确定的,他一定会死掉,这是不容争辩,不容怀疑的。无论那个孩子成为大官还是别的什么,都不能改变他会死掉这个事实,他只有一个目的地,唯一的:死亡。

然而,我们不愿意面对这个确定的唯一的事情,反而,迷醉在不确定性之中,迷醉在不确定性造就的浮华之中,把虚浮的当成了真实的,把想要的东西当作了真实的。在世俗的层面,也许,死亡是唯一的一个真相。而真相是人人所不愿意面对的。几乎所有的真相,都是程度不同的禁忌。人的心理倾向,容易回避真相,而活在虚假的愿望里。那个满月宴会上的主人和说"假话"的人们,只不过是无意之间受制于一个禁忌,关于死亡的禁忌,并非如鲁迅理解的那样,刻意要说假话。

禁忌是一种掩盖和粉饰,阻止人们去面对真相。因此,推开禁忌的墙壁,直面真相,是觉悟和解脱的开始。谷崎润一郎有一篇写古代日本宫廷生活的小说。有一个男子迷恋上宫廷里的一个女子,想了许多办法都无法得到她,却又非常想得到她。后来男子终于明白不可能得到她,不如放弃对她的迷恋。如何放弃呢?想了她的许多缺陷,都没有用,还是非常迷恋。最后,他想到了一个办法。他打算去看那个女子的排泄物,以为只要一看到她的排泄物,就会彻底粉碎因她的美所建立起来的那种幻觉,就可以不再迷恋她。结果那个女子明白了他的心思,在便桶里做了手脚。当宫女把那个女子的便桶拿到园子里,男子去偷看,发现的是美丽的花和芬芳的气息。结局是那个男子完全绝望,以自杀来了结对那个女子的迷恋。

再美的女子,也会排泄。这是一个事实,但一般人不太愿意想到这一点，更不愿意看到这一点，而愿意沉迷在眼睛所看到的美貌之上，沉迷在对美的想象之中。那个人决定去看美女的排泄物，去面对一个真相，确实有助于自己从执著里解脱出来。佛教的基本修行里，就有所谓的修不净观，就是透过对身体器官的观想，明白到再美的美女，不过是一堆普通的血肉。用时髦的学术术语，叫作"去魅"，把魅力的幻影一层层地去掉，把她还原成普通的存在物。然后，就不会执著于她的美貌。

死亡的重要意义

那个在满月宴会上说孩子会死的人，有点像童话《皇帝的新衣》里的孩子，说出了一个简单的一直就在我们面前的真相。皇帝赤裸着身体，在街上招摇，展示着所谓的华服，所有的人都在赞美那件看不见的华服，只因人人害怕被认为是愚蠢的人。只有一个孩子，老老实实地说出了他看到的事实，只不过是一个裸体，哪有什么漂亮的衣服。宴会上的人说孩子会死，也只不过是说出了一个简单的真相。人们不愿意看到或听到这个真相，人们愿意用各种祝福的话，去建构一个繁华的日常世界，让自己迷醉其中。然而，这些生活无论多么热闹，最终都因为死亡而归于空无、寂静。真正留下来的只是寂静，只是空无。我们日常所执著的那些东西，就像皇帝的新衣，是一个幻觉，实际上赤条条，空无一物。但是，人类喜欢迷醉在这样的幻觉里，只有那个天真的小孩，和那个清醒的成年人，说出了真相：这一切都是虚妄的。

所以，佛陀很早的时候，就发现了死亡的意义。觉知死亡，并不是仅仅觉知人类生活黑暗的一面，不是这样的，佛陀根本上不是一个悲观的人，虽然他的思想是从人类生活悲剧的一面开始的。死亡的信息在佛陀看来，不是一个完结的信号，而是一个提升的信号。借着觉知死亡，我们可以摆脱对于现世生活的迷恋和执著，而迈开自我解放的第一步。因此，念死这样一种修行在佛教里，在我看来，比修不净观更加重要、更加根本。如果念死的意识没有融入日常生活，就不可能是一个真正的佛教徒。藏传佛教格鲁派的创始人宗喀巴在他著名的论著《菩提道次第略论》中指示成佛修行的进阶，第一步从哪开始呢？从"念死"开始，宗喀巴认为念死是"摧坏一切烦恼恶业之锤"，"心执不死者，乃一切衰损之门；念死者，乃一切圆满之门也"。

那么，如何念死呢？第一，要时刻想到"定死"，就是任何人一定会死的，寿命只会减少不会增加；第二，要时刻想到死期是不定的，随时可能会死，就像佛陀所说"生命在一呼一吸之间"；第三，要时刻想到死的时候你无法带走任何东西，也没有什么东西能够帮助你，除了你内心的信念。因此，所谓念死，其实就是把死亡的意识融会到我们的日常生活中，从而舍弃对于尘世种种利益的爱欲。

"向死而生"。这是一本书的名字，是一个让人喜乐的名字。对于死亡的觉知、思考，并不是一种悲观的终结，而是一种无限的开始，因着这种无限的开始，生命变得圆满，既不是悲观的，也不是那些祝福的话所营造起来的乐观，而只是喜乐，当下的喜乐。人类专注于现世的生活，刻意隐瞒死亡的真相，在我们成长的过程里，很长时间不能面对死亡，要么非常恐惧，要么觉得离自己非常遥远，是别人的事情。

我在二十五岁的时候，因着祖母的去世，真切地感受到死亡与自己是如此紧密，是我自己生命内部必然发生的事情。而在几年后，亲眼目睹一个朋友永远地合上眼睛，那种震撼超过了一切的理论与说教，几乎是一种巨大的压力，驱使我自己去思考，去寻找出口。最初确实是一种哀伤的悲剧情怀，但接下来，却是更为巨大的解放，从现世生活的图景里解放出来，进入一个无限广阔的境地。

　　这种心理体验有点像失恋。刚刚失恋的时候，我们悲伤，但同时我们渐渐地发现，在我们所爱恋的对象之外，有更广大的天地，发现我们自己因为爱恋那个对象，而遗忘了更广大的欢乐，于是，失恋变成了一种解放。

最终的真相

夏天雨季的时候,佛陀会从天上回到人间。一位叫华色的比丘尼,为了第一个见到佛,摇身一变,成为一位转轮圣王(佛教里君王的概念,不是政治意义上的王),大家纷纷相让。结果这个比丘尼成为最先向佛礼拜的人。然而,佛却说:你不是第一个礼拜我的人,须菩提才是第一个礼拜我的人。大家在人群中并没有看到须菩提。须菩提其实并没有来到现场,他只是远远地观察,看到那么多人等待着佛的到来,他想到的是:眼前虽然气象盛大,但是,不可能长期持续下去,不知道什么时候会出现毁灭,一切都是无常的。佛陀认为这是观察到了诸法皆空,是真正看到了佛。

因此,佛陀问须菩提,是不是"可以身相见如来"须菩提当然回答:不可以。因为"如来所说身相,即非身相"。有一个重点是"见如来",如来是佛陀的另一个称呼。但我觉得,"见如来",并不完全是去见佛陀的意思,而是指"见到真相",或"见到实在的本体"。可不可以身相见如来?意思是是否可以透过外在的形相来把握存在的真实体性?佛陀回答:不可以。因为他所说的身相,并非真正的身相。然后,他说了一句非常非常重要的话,也是最彻底的一句话:凡所有相,皆是虚妄。若见诸相非相,即见如来。

一切的形相,都是虚妄的。你只有发现了一切的形相都是虚妄的,你才能见到如来,才能把握到那个真正的实在。这句话意味着，我们生活在假象之中，如果你要得到解脱，必须去寻求那个真相。满月宴会上那个说孩子会死的人，或者谷崎润一郎的小说里那位意识到美女也会排泄的男子，和一般人相比，已经看到了一部分的真相，然而，死亡也罢，排泄物也罢，都不是最终的真相，它们是低层次的真相。

《金刚经》里，佛陀说了最彻底的话：凡所有相，皆是虚妄。若见诸相非相，即见如来。那么，也就指出了最终的真相：空。

什么最能束缚我们的心灵

死亡并非最终的真相，最终的真相是超越生死分别的，既非生，也非死，是"空"。如何把握那个最终的真相呢？《金刚经》里反复使用的一种句型透露了通向"空"的道路。《金刚经》里反复使用一种肯定的同时又否定的句型，也有人称之为"三句义"，比如，"庄严佛土者，即非庄严，是名庄严"，"佛说般若波罗蜜，即非般若波罗蜜，是名般若波罗蜜"，等等。又如"如来所说身相，即非身相"，虽然只有两句，但实际上也是三句，只是省略了"是名身相"。这些句子如果按照字面上理解，好像很玄，比如"佛说般若波罗蜜，即非般若波罗蜜，是名般若波罗蜜"，如果翻译成现代汉语，就是：佛所说的解脱的智慧，其实并不是解脱的智慧，只是叫作解脱的智慧。

好像是语言游戏，佛陀用这样的句型，想要表示什么呢？想要我们领悟什么呢？其实，佛陀所要告诉我们的，是所有的"名相"都是一种假象，所谓"凡所有相皆是虚妄"，首先是所有的名相都是虚妄。或者说，人类生活的假象，首先是由人类发明的各种概念、名称组成的，这些名称、概念束缚了我们的心灵。因此，解脱的第一步，就是去掉名称、概念，去找寻被名称、概念遮蔽了的真实存在。

《金刚经》所昭示的，是不要被任何的概念、名称所束缚，这任何，包括佛所说的解脱法门，也只是一种说法，并非绝对的真理。绝对的真理在语言之外，在概念之外。因此，佛所说的解脱法门，只是一种方便的说法，姑且给它"解脱的法门"这样一个名称，实际上，并没有什么需要解脱的，当下就已经是解脱，因此，也就没有什么解脱的法门。

词语的本来面目

名称只是一个名称，但是，我们活在名称所构成的世界里。有一座村庄，离王宫大约五由旬（古印度长度单位）的距离。村民每天为国王送水。日子久了，大家觉得很累，想要搬离这个村子。村长为了劝说大家留下来，就去请求国王，把五由旬改成三由旬，让村子离王宫近一点。国王同意了，大家又留了下来。有一个人说，距离还是原来的距离，改了有什么用。但大家还是相信三由旬比五由旬少了许多路，仍然为国王送水。

大家相信名称、概念，从名称、概念去认识世界。当我们见到一个人的时候，首先问他叫什么名字。弥兰陀王见到龙军，就问他的尊姓大名。龙军回答说，别人通过龙军这个名字知道我，然而，那只是一个名称、称呼、名字而已。通过这个名字，并不能掌握这个人。他进一步推导，何者是龙军呢？头发吗？身毛吗？指甲吗？……每一个器官都不是龙军。那么，是色、受、想、行、识吗？也不是。因此，龙军只是一个声音，并没有这样一个实体。然后，他问弥兰王是否乘车而来，弥兰王说是的。龙军就问什么是车？辕是车吗？轴是车吗？轮是车吗？都不是，那么，车是什么呢？

弥兰陀王有所领悟，说：基于辕、轴、轮等零件的组合而成为车的名称，基于头发、手脚、脑等的组合而成为龙军的名称。实际上，车与人都无法从名称上得到。名称只是一个假名。用《金刚经》的方法，我们可以说，所谓车，其实并非车，只是叫作车；所谓龙军，其实并非龙军，只是叫作龙军。所有的语词，不论什么性质的，都可以用这样一种句型去重新叙述，比如，所谓美丽的，其实并非美丽的，只是叫作美丽的，等等。

《金刚经》的这种表述，显示了语言的无力：在真相或真实的世界面前，语言是无力的。不仅无力，而且空洞。你只要想一想世界上有十几万叫"张军"的人，他们的年龄、身份都不一样，但是都叫"张军"。再想一想"车"这个名称，在英语和俄语、法语等不同的语系里，写法、发音都完全不同，但它们指涉的都是车这样一种交通工具。而且，无论哪种语言的"车"，都不可能穷尽所有车的状况。只有具体的一辆一辆的车。即使是具体的一辆车，无论用什么样的形容词或名词，也不可能真切地把它描述出来。真实的车就是实际在那里的那辆车，语言对它无能为力。

因此，重要的不是这个名称，而是这个名称所指涉的对象。你必须摆脱语词，去看那个实际的对象。重要的不是三由旬还是五由旬，而是实际上它所代表的距离是多少。这是第一步。任何时候，不要迷失在语言的密林里。文明的叠加，使得我们离真实的世界越来越远，语词、概念，以及与此相关的制度、娱乐包围着我们。解放的第一步是，对任何的语词、任何的表达质疑，比如，美丽的，当你开口说美丽的，你要问自己：美丽的是什么？什么是美丽的？这个词指的是什么？不要停留在词语上面，不要执著于词语所流露出来的美丽幻影之上。在日常生活里，我们之所以被假象蒙蔽，很多时候，我们接受了人们正在使用的语词、说法，理所当然地，接受了这些语词，理所当然地认为是真实的，没有任何怀疑。

因此，越过语词，不要有任何的停留，不要停留在语词和言语建立起来的喧哗的王国。回到那个基本的点上，也就是那个具体的事物上，然后，真相才会渐渐地向你显现。

我们迷恋的事物不可靠

那个具体的事物向你敞开。你向那个具体的事物敞开。不需要语言、文字。当下，就是那个具体的事物。比如车，你聚焦于那辆具体的车上。是一辆最新款的雷克萨斯，你上周买的。你正在开着这辆车，这是你的。你清楚它的每个细节，它是实实在在的。然而，佛陀说：凡所有相，皆是虚妄。这辆雷克萨斯如此清晰地在你的眼前，在你的手中，是它的方向盘。它怎么可能是虚妄的呢？一个朋友对我说：名称有虚假性，容易理解，车这个名称是随意的，如果开始把它叫作牛，那就是牛了；但是，你说那部具体的车也是虚假的，很难理解，除非你像魔术师一样把这辆车变走，我就相信佛陀的话了。

当然，我不可能把车变走。佛陀在世的话，也不可能把车变走。因为佛陀所说的虚妄、所说的空，并非不存在，并非没有。那辆车，确实在那里，而且，此刻它确实属于你。佛陀要告诉你的是，第一，广告、销售资料、销售员的介绍以及车的外形、车的装饰构成了一个影像，赋予了这辆车许多品质，比如高贵，比如优雅，等等，唤起我们许多想象和愿望，以为拥有了这辆车，就可以达到什么境界。这是一个幻觉。无论外在的装饰和广告里的文字、画面如何渲染，这辆车实际上只是一辆汽车，一辆装着发动机的汽车而已。如果你沉迷于那种幻觉，你注定要失望。所以，你必须学习在享受这种幻觉的同时，把这辆车只是看成一辆车，没有什么附加的东西，那是你的想象。

夏天的天空，云彩变幻出许多形状，有的像小狗，有的像猴子，有的像宫殿，如果有人把这些小狗、猴子、宫殿当作是真的，那么，大多数人会认为是一种愚痴。然而，在日常生活里，我们常常把这些白云苍狗当作了真实的东西，却并不觉得自己的行为是一种愚痴。

第二，这辆车之所以成为这辆车，以及成为你的车，是许多因素造成的。这辆车不可能自己成为自己，需要技术，需要工人，需要各种各样的条件，相互配合，当因缘具足的时候，才能生产出这辆车。然后又需要其他的种种因缘，它才可能被你买到，成为你的车。只要某个因素改变了，这辆车，以及它与你的关系，就会改变。没有什么独立的绝对的因素，使得这辆车成为一部这样的车，成为你的车，是各种因素相互依存的结果。因此，当你把这部车只是看成一部车的时候，不要以为它是一个独立的绝对的整体，而是一种组合，一种依赖各种因缘和合而成的组合。

第三，这辆车此刻确实是一辆车，是属于你的车。但是，在接下来的每分每秒，它的零件都在老化，在变异之中。还充满着许多不确定性，比如，车祸，比如你的经济状况，都可能改变目前的状态。目前的状态并不是一个常态。实际的情况是无常。这辆车存在于无常之中。因此，当你把这部车看成一种组合的时候，还要把它看成是一种动态的无常的存在。

这样的观察好像游戏，然而，佛陀仿佛很认真地做着这样的游戏。因为，这样的游戏揭示了我们所追求、所迷恋的事物，其实非常"空洞"，非常"不可靠"，我们在拥有、享受的同时，必须摒弃对于它们的执著。如果我们执著，就注定失败。所以，佛陀所昭示的"空"，并非消极的逃避，而是对于真相的勇敢承担，从而在不可靠的存在里找到可靠的、不变的东西。

惠能的顿悟

夏天的云彩变幻出许多小狗、猴子，等等，一些人明白到这些小狗、猴子不过一个幻觉，是一个假象。然而，他们以为云彩是真实的，于是，执著于云彩。佛陀在《金刚经》里反复说明的是，只有放弃，只有不执著，才有可能真正得到。佛陀如此确切地说：若以色见我，以音声求我，是人行邪道，不能见如来。试图在各种形相、声音里去寻找如来，寻找觉悟的道路，是完全不可能的。佛陀提醒修行者，不要拘泥于形式，重要的是那个最基本的点，如果没有对于"空"的领悟，即使每天向佛像礼拜，每天坐禅，其实，没有什么真正的益处。

就像一位中国禅师说的，砖块怎么能够磨成针呢？如果你想要针，首先得改变砖块的内涵，让它变成金属，否则，永远是无用功。惠能对于《金刚经》的旨意领会得特别深刻，才会如此强调顿悟，很多人简单地以为，顿悟，就不需要渐进的修行，一下子就觉悟。但实际上，惠能的顿悟，来自《金刚经》，针对的乃是形式主义的修炼，强调必须在当下，就捕捉到存在的真相，也就是领悟到空性，然后，形式就有意义。时时刻刻，修行者不能执著于各种修行的形式，而是应该向着存在的真相敞开，处于"空无"之中。

这是修行。如果运用到日常生活，我们要记住的是，任何时候，应当回到那个基本的点，回到那个真相，而不是把时间和精力，浪费在无谓的形式，以及形式营造的幻影之上。有些人热衷于各种各样的恋爱技巧，不停地追逐异性，但忘了一个根本的点：首先你必须找到你爱的，以及对方也爱你的人，那些技巧才有意义。所以，判断力才是首要的，你必须要明白的，是谁才是喜欢你的人，你自己喜欢的是谁。如果有了相互的喜欢，那么，所谓的技巧就没有太大的意义。有些婚姻辅导专家不断地教诲别人夫妻相处的艺术，然而，忘了一个基本的点，那就是，如果夫妻之间已经不相爱了，那么，无论怎样的相处艺术都是没有用的，即使暂时学会了忍耐，那个真正的矛盾还在内部，始终会爆发。在男女关系里，爱是一个你必须去清晰的真相，而不是约会，不是玫瑰，不是什么结婚纪念日的烛光，不是情人节的甜言蜜语。这些都不重要，重要的是那个爱在哪里。很多时候，我们活着，却不愿意去面对那个真相，只在形式、技巧的层面打转。

婚姻之所以是一个问题，是因为人们不愿意面对爱这个真相。为什么不愿意面对，是因为我们把愿望当成了现实，当成了道德规范。爱得天长地久，白头到老，是美好的愿望。然而，就如张爱玲说的，所谓白头到老之类的话，很悲哀，因为不可能。不过，我们仍然把这个愿望赋予婚姻，渐渐地，婚姻这种形式变得牢不可摧。情感上是否仍然相爱，变得不重要了，人们满足于婚姻这种形式。但是，当爱不存在了，无论形式如何完美，依然是个问题。因此，婚姻的问题，必须回到一个基本的点上，如果婚姻必须以爱为基础，那么，当爱不再存在，婚姻也就不再存在。但是，在中国以及一些东方国家，社会习俗把离婚道德化，以为离婚是一件负面的事情。无论怎样，都要维持婚姻。结果，是催生了许多无爱的婚姻，催生了更多不道德的行为。

根本上，男女关系的真谛在于：彼此相爱。丧失了彼此相爱这样一个基本的真相，不敢面对，还要维护神圣的婚姻，还要活在白头到老的神话里，结局只能是迷乱。

到处是迷乱的气氛。比如股市。我的许多朋友在炒股票。不过，我的感觉是股票在炒他们。当股票上涨的时候，他们充满兴奋，相信会一直涨上去，而一旦下跌，他们又变得忧心忡忡，完全受制于股票的涨或者跌。但真正的高手，超然于涨跌之外，涨跌并不重要，重要的是涨跌的规律，如果明白了涨跌的规律，就不会受制于它。当然，还有最基本的真相，一个常识性的真相：无论什么股票，有它的真正的价值，离开了这个基本的价值，疯狂地涨或跌都不是真实的。所以，所谓的高手，其实只是不为眼前的那些涨跌所迷惑，他知道那个规律，知道那些股票的真正价值，因此，他不会被表面的涨跌所左右。

而许多人，在涨和跌的幻象里寻求利益，最终只会失败，因为关于涨和跌的预期，不是基于对于真相的把握，而是基于希望和恐惧。有一个词语叫作"股市神话"，所谓神话，就是源于希望和恐惧，并非真相，而是我们内心希望什么和恐惧什么的折射。神话来自远古时代，似乎是科技不发达的产物。但事实上，即使科技发达的今天，我们仍生活在神话的氛围里，股市里弥漫着神话的气息，其他领域也莫不如此。当过美国副总统的戈尔最近拍摄了一部纪录片，名为"不愿面对的真相"，据说是关于环境保护的，我没有看过影片，但很喜欢这个名字。是的，人类的许多心理问题和社会问题，都是因为不愿意面对真相。

哭泣的牧羊人

我们生活在繁华的世界里，到处是丰富的影像、物质和声音，到处是林立的高楼和拥挤的街道，到处是宫殿一样的购物中心。我们生活在其中，以为身处的一切都是理所当然。突然，一场突如其来的雪灾，改变了一切。我们的车无法上路，无法从提款机里随时取到钱，无法上网，无法看电视，无法在夜晚泡酒吧……那个华美的声色世界突然消失了，因为没有电。仅仅没有电，一切的热闹都消失了。我们所拥有的，原来如此脆弱。但这是真相：我们的文明所创造出来的繁华，那个美丽的世界，大自然一下子就可以让它消失。一场雪灾，或者海啸，人类的生活即刻回到原点，回到农业时代，甚至回到洪荒时代。文明是一种虚饰。甚至，许多的所谓文明，是人类的慢性自杀。也许，这就是戈尔所说的我们不愿意面对的真相。

我们不愿意面对真相，我们愿意活在梦幻里。当自然灾难把人类的生活还原到起点时，最能显现我们的生活原来不过一场梦幻。明代作家张岱曾说："鸡鸣枕上，夜气方回，因想余生平，繁华靡丽，过眼皆空，五十年来，总成一梦。"生命不可重复，从诞生那一刻起，就向着死亡前行，每个阶段所建立的东西，都在回忆里，变成影像，似真似幻。而在弗洛伊德看来，梦是潜意识的泄露，潜意识里希望的事情和恐惧的事情，都透过梦加以显现。所谓希望和恐惧，其实是一个硬币的两面。

恐惧意味着我们害怕失去，希望意味着我们渴望得到。没有得到的时候我们希望着得到,得到以后我们害怕着失去。因此,我们总是生活在希望和恐惧之中,因着希望和恐惧,我们的心造了许多幻象,然后我们为着这个幻象而劳碌。

我听说有一个很吝啬的牧羊人,养了很多肥美的羊。有一个狡猾的人想得到他的羊,于是,就对他说,很远的地方,有一个很漂亮的女孩子,我帮你把她求来做媳妇。牧羊人一听漂亮的女孩,就非常高兴,给了那个人很多羊和其他的财物。过了不久,那个人回来,告诉牧羊人,你的媳妇已经生了儿子了。牧羊人突然做了父亲,更加兴奋,给了那个人更多的财物。又过了一阵子,那个人回来对牧羊人说,你的儿子不幸生病死了。牧羊人嚎啕大哭,他真的很悲哀,并不认为那个女孩子,还有他的孩子,其实是虚幻的。如果细细观察我们自己,以及我们周围的人,很多很聪明的人,也许会发现,我们实际上和这个愚蠢的牧羊人一样,为着那些虚幻的东西在奔波、操劳。

所以,《金刚经》在最后,还是回到最眼前的事物,一切有为法,如梦幻泡影,如露亦如电,应作如是观。你必须在当下,在任何一个时刻,觉知到这个世界的虚妄性。回到开头,你可以猜猜,如果佛陀去参加那家人的满月宴会,会说些什么?会做些什么?

第 9 课　正见使人心静，偏见使人焦虑

　　当你面对这个世界，面对一切的事物，你应当没有观点，更确切地说，你应当把你脑海里一切的观点悬置，让你的脑海空下来，让存在本来的样子显现出来。

　　这是佛陀相对于其他一切思想家或宗教家的独特之处，也是佛陀思想最具魅力的所在，或者说，佛陀思想的底子其实是彻底颠覆性的，对于语言背后的意识形态表示了完全的质疑，并把这种与语言密不可分的意识形态看作是囚牢。佛陀的所有努力，都在打破这个囚牢，把人从意识的束缚里解放出来，回到一种自在的状态。

大多数人活在偏见里而不自觉

有什么样的道德观念，就有什么样的德行；有什么样的婚姻观念，就有什么样的婚姻；有什么样的价值观念，就有什么样的选择。观念支配着我们的行为。偏颇的行为必有偏颇的观念，邪恶的行为必有邪恶的观念。所以，改变偏颇的行为，首先要矫正各种偏见；改变邪恶的行为，首先要矫正邪恶的观念。

在观念层面上，最普遍的问题是偏见，大多数人活在偏见里而不自觉。社会上的大多数问题，个人的绝大多数问题，都来自于偏见。何谓偏见？就是偏于一方面的见解，俗称成见。偏见有时也指敌意，美国心理学家阿伦森是这样界定偏见的："人们依据有错误的和不全面的信息概括而来的、针对某个特定群体的敌对的或者负向的态度。"

与偏见相对的，是正见。俗称道理。所谓明白人，就是懂道理的人。很多时候，明白一个道理，比获得物质上的支持更加重要。一个乞丐，我们布施给他几块钱甚至几百元钱，也许可以解决他一天或很多天的吃饭问题，但是，钱一花完，他还是要去乞讨。如果我们教给他谋生的本领，以及新的生活观念，也许可以彻底改变他的生活。对于贫困地区的帮助也是如此，物质上的支持是必要的，当人们还在挨饿受冻的时候，第一要务是给予物资。但是，物质的援助并不能从根本上改变贫困的状况。要想从根本上解决贫困的问题，还得靠教育，靠教育改变贫困地区人民的观念和思维方式，新的观念和思维方式会带来全新的人生和命运。有一位美国学者曾经在印度做过田野调查,发现电视在乡村的变革中起到了难以想象的作用,因为电视以鲜明的图像展示了另外一个世界,以及城市的价值观念。很多年轻人就是因为电视的影响,离开农村,到城市去寻找另一个世界。

因此,佛陀在讲完《金刚经》的大概意旨后,对须菩提说,这部经有不可思议、不可称量的功德,是为那些发菩提心的人说的,为那些追求最终解脱的人说的;如果有人能够领会接受、读诵,以教育的热忱向大家解说,如来都清楚地看见并了解这个人,会得到不可称量、无边无际、不可思议的功德。接下来,反复说明一个意思,就是无论你用多少宝贝去布施,所得到的福德,都远远不如你受持、诵读并为他人宣说《金刚经》,哪怕只是其中的四句偈。比如,最后一段:"如果有人用充满不可胜数的世界的七宝来布施,而另有善男子善女人发心寻求彻底的解脱,受持、读诵,并且为别人解说这部经书,哪怕只是其中四句偈,所获得的福德远远胜过前面那个人"。

佛陀说《金刚经》具有不可思议、不可称量的功德,并非说《金刚经》这部经书具有神通的力量,放在身边或者只是口中念诵,就可以消除灾祸。如果这样的话,就和江湖术士一样,帮你的床换一个位置,或者帮你改一个名字,就可以改变你的命运。佛陀的学说完全不是这样的,佛陀说《金刚经》具有不可思议、不可称量的功德,指的是《金刚经》里所阐明的道理,可以改变各种偏见,确立正见,然后,你因为正见而拥有不可思议的力量。

佛陀的意思是,如果你明白了这个正见,那么,你的生命就整个的发生转化。也许，你仍然贫困或富有，仍然面对许多困难，但是，你的心态和你处理的方法发生了变化，你的生命质地也发生了改变，像焦虑这种负面情绪，自然会离你而去。

佛陀的独特之处

《金刚经》所讲的道理，目的是要达到彻底的解脱，并不是为着这一世的，而是为着一个无限的存在、一个无限的整体的法则。那么，这个法则是什么呢？或者说，《金刚经》到底讲了什么道理呢？《金刚经》里几乎所有的地方都只说，你诵读、受持、为他人宣说《金刚经》就能获得不可思议的功德。只是在第二十八段，有些变化：若菩萨以满恒河沙等世界七宝持用布施；若复有人知一切法无我，得成于忍，此菩萨胜前菩萨所得功德。就是说，菩萨用无数的宝贝布施，所获得的功德，还不如明白"一切法无我，得成于忍"的道理。一切法无我，得成于忍。意思是一切的存在都不是绝对的，而是因缘和合而成，因此，我们看待一切的存在，都应该透过现象看到内在的真相，要让我们的心不受各种现象的影响，而是安住于真相之上，如如不动。

这个道理归纳起来，还是三个字：不执著。因此，佛陀所说《金刚经》具有不可思议的力量，实际上，说的是如果你明白了并且实践了不执著的道理，你的生命就会变得不可思议。但是，这个不可思议，并非神通，并非具有了特异功能，佛陀强调的，乃是这个道理会让你的生命从一切的束缚里解脱，变成纯然的自由的存在。

这确实是一个不可思议的观点，因为从古至今，一切的宗教和哲学都在倡导某个观点，而倡导某个观点往往意味着否定另外的观点。只有佛陀，只有《金刚经》，在倡导一个观点的时候，并没有否定别的观点,既没有赞同什么,也没有否定什么,只是说对于一切都不要执著,不要去攀附,不要去喜欢或厌恶。最具革命意义的是,佛陀所说的"一切法无我,得成于忍",大意是一切的现象没有自性,根本上都不生不灭。这个观点,对于自身肯定的时候,同时也在否定,最终是既没有否定,也没有肯定。对于这个要求你"不执著"的观点,你也不能执著。

如果说《金刚经》中的这个观点也叫观点的话,其实是"没有观点",《金刚经》的观点就是:当你面对这个世界,面对一切的事物,你应当没有观点,更确切地说,你应当把你脑海里一切的观点悬置,让你的脑海空下来,让存在本来的样子显现出来。这是佛陀相对于其他一切思想家或宗教家的独特之处,也是佛陀思想最具魅力的所在,或者说,佛陀思想的底子其实是彻底颠覆性的,对于语言背后的意识形态表示了完全的质疑,并把这种与语言密不可分的意识形态看作是囚牢。佛陀所有努力,都在打破这个囚牢,把人从意识的束缚里解放出来,回到一种自在的状态。

盲人摸象的深刻启示

为什么我们在面对一切现象的时候，应当把一切的观点都悬置起来，让自己的脑海成为空的状态？专门记录佛陀故事的《六度集经》（三国时代吴·康僧会所译出）里，佛陀用了一个故事回答了这个问题。那时候，佛陀住在舍卫国祇树给孤独园，他的弟子有一次去城里化缘，因为时间还早，就到另一个教派的讲堂里去闲坐。那个教派的门徒正在讨论经书，读到某一句时，大家的理解不一样，开始还是互相说服，慢慢就有了火药味，互相攻击起来。

有人说："我明白法的含义，你知道什么叫法吗？"

有人说："我的解释才合乎道，你讲的不合乎道。"

有人说："按我说的，可以实行；按你讲的，只是空话。"

有人说："你什么都不懂，你是在胡说，我的就是对的。"

唇枪舌剑，你一句我一句，各不相让，越争越激烈。佛陀的弟子在旁边听着，怎么也听不明白谁是对的谁是错的。过了一会儿，他们就出去了。回到佛陀的居处，他们把刚才看到的争论场面告诉了佛陀。佛陀就说了一个"瞎子摸象"的故事。他说在很久以前，阎浮提洲有一位国王，叫镜面王。镜面王平时念诵佛经，智慧多得像恒河里的沙子一样。不过，他的臣民多数不读佛经，却相信一些邪教外道，就如相信萤火虫的亮光，却怀疑日月巨大的光明。于是，他下令召集一些瞎子，到王宫的广场上来。

那些瞎子来到广场上。镜面王让人把一头大象牵到瞎子们的面前，瞎子有的摸到了大象的脚，有的摸到了大象的尾巴梢，有的摸到了大象的肚皮，有的摸到了大象的耳朵，有的摸到了大象的头，有的摸到了大象的牙，有的摸到了大象的鼻子。这时，镜面王问他们："你们都看到大象了吗？"

瞎子们回答："看到了。"

镜面王又问："大象像什么呢？"

摸到象脚的瞎子说："大王圣明！像一个装漆的竹筒。"

摸到象尾巴梢的瞎子说："像一把扫帚。"

摸到象肚皮的瞎子说："像一面鼓。"

摸到象背的瞎子说："像一堵墙。"

摸到象耳朵的瞎子说："像一只簸箕。"

摸到象牙的瞎子说："像一只角。"

摸到象头的瞎子说："像一个大臼。"

摸到象鼻子的瞎子说："大王圣明！大象像一根粗绳子。"

瞎子们在国王面前争吵起来，都说："大王，我说的是真的。"

镜面王笑着说："瞎子们啊！瞎子们啊！你们没有听说过佛经吧。"于是，他说了一首偈：

瞎眼的人争来争去，
都说自己是真的，
见到一斑就说别的不存在，
为了一头象而相互怄气。

没有唯一的真理

这是大家都很熟悉的故事,然而,并非人人领会其中革命性的思想。在《金刚经》里,我们可以看到,佛陀首先强调了观念的重要,具有不可思议的力量,然后,他又说了一个非常有趣的观点,那就是,你必须没有观点。为什么你必须没有观点。用这个故事的说法是,存在(大象)是一个无限的整体,而每一个人都是有限的(瞎子),视觉、听觉等等是有限的,你只能看到、听到你能够看到、听到的。但在你能够看到、听到的以外,是无限的广大。

因此,当我们面对存在的时候,当我们试图作出一个什么判断的时候,我们必须要保持一种谦卑,一种对于不可知的整体性的谦卑。你可以作出任何判断,你可以说出并遵行任何道理,但是,你一定要明白,这些判断或道理,都只是无数判断和道理中的一种,只是其中的一种,没有唯一的真理,每一种都只是其中的一种。

想起另一个故事。有个人生活在一个很富裕的国家,好像什么东西都不缺乏了。然而,还是不满足,总是想着这个世界上一定还有什么,是自己的国家所没有的。于是,他上路了。走了很多地方,却找不到自己国家所没有的东西。就在他绝望的时候,突然发现市场的角落里,站着一个人,在卖东西,但是,他的手上和面前都是空的。他在卖什么呢?于是走上前去问:你卖什么呢?那个人回答:智慧。智慧?这倒是自己从未见到过的,又问:

多少钱？回答：五百。于是给了五百金，得到的是一句被称为智慧的话：遇事细考虑，不轻易发怒；今日虽不用，终当有用时。他不知道什么时候有用，只是把它熟记在心，就回家了。

回到家里，看到妻子的床前多了一双鞋子。以为自己在外多日，肯定是妻子出轨了。一下子就生起恶念，拔出了随身携带的匕首。就在举刀的那一刻，突然想起那句用五百金买来的智慧，就把刀放了下来。揭开床帏，看到的是他的母亲。原来妻子生病，他的母亲特意来照顾。那个人情不自禁地自言：我母亲的性命，加上妻子的性命，远远超过一万两金。五百金真是便宜。

这个人买到的，其实并非智慧，而只是一个道理。这个道理在故事里有效地阻止了那个人犯错误。但是，到了另一个场合，如果还是墨守这样一个道理，那么，很可能促使那个人犯错误，比如，在突如其来的灾难降临时刻，需要的是本能的反应，赶紧逃跑，而不是"细考虑"；再如，面对某些暴行的时刻，就需要发怒，需要狮子吼，需要挺身而出。就像另一部经书里说的故事，摩诃罗匆忙间撞进了人家的网里，猎人告诫他：你太粗心，太慌张了，为什么不会不慌不忙地爬着向前呢？于是，摩诃罗就按照猎人的话，慢慢向前爬行。结果，又遇到洗衣服的人，以为他是来偷衣服的，用大棒打了他一顿。

人类的思想史也是如此，没有一种思想绝对是错，或绝对是对，完全要看语境。爱因斯坦的相对论出现后，并不意味着牛顿的地心吸引力理论错了。地心吸引力仍然存在。相对论只不过是一个新的发现。孔子的思想或柏拉图的思想，也无所谓过不过时。人类的思想，似乎不是一个新的取代旧的过程，没有什么新和旧,也没有什么对或错,只是一个不断发现的过程。因此,任何一种说法,都只是一种说法。你可以相信或遵守,然而,你不能执著于它,不能让它束缚着你。因为在任何一种说法之外,是更广大的存在。

因此,当佛陀讲完经,并为这部经书命名为"金刚般若波罗蜜"后,突然问了一个非常奇怪的问题:须菩提,你认为如来有没有讲经说法呢?这真是一个奇怪的问题,佛陀在前面讲了那么多的道理,难道不是在说法吗?更奇怪的是,须菩提回答:如来并没有说法。这个答案显然得到佛陀的认可,因为接下来,佛陀说自己在燃灯佛前没有得到无上正等正觉的法。再接下来,佛陀甚至说:假如有人认为如来有所说法,就是毁谤佛,就是没有理解我所说的真正意思。因为说法的人没有什么法可以说,只是姑且叫做说法而已。

另有传说,佛陀在涅槃前说:我住世六十四年,未曾说一个字。那么多"如是我闻"的经书流传了下来,但是,佛陀说,我未曾说过一个字。当佛陀说自己未曾说一个字时,他只是在表达一个意思:我并没有告诉你一个什么法门,可以让你得到彻底的解脱,更没有倡导什么固定的概念或道理,让人们去固守;我所能够做的,只是在引导,引导你保持一颗开放的心,走向自由和自在,用最通俗的话,引导你向存在敞开,向无限的真相敞开。

不要迷信别人的经验

因此，不要相信有什么诀窍。这个世界没有诀窍可言，恰如它的没有道理可言。满街望去，《股票制胜术》、《白手起家诀窍》、《亿万富翁发迹史》、《如何做一个受欢迎的人》、《100种赚钱方法》、《人与人相处的技巧》……琳琅满目，应有尽有，凡是人们想得到的，似乎都有门道可寻。

然而，仔细想想，如果股票的走势真的能够精确地预测，如果发财的方法真的能够总结并像公式一样到处运用，如果真的有所谓的人际交往技巧，如果成功真的有所谓的规律或经验可言，那么，人人可以学而用之，人人可以达成自己的愿望，人与人之间的隔膜、冲突、紧张、争斗、仇恨也可以化为乌有，世界一片温馨。问题是，谁曾见过这样的世界？

有人说，美国大富翁克卢格的成功，在于他的赌性极重，敢冒风险，但是，敢冒风险的人全世界比比皆是，成为数一数二的大富翁却只有克卢格一个。有人说，迷狂的精神状态是某某成为一流艺术家的关键，这对于某某来说也许是对的，但是，你要知道，另外有许多精神迷狂的人，却只不过是疯子而已。

人们常常将一些所谓的成功例子无限地夸大，其实，只要略加思索，便可以找到许多反其道而行却照样成功的例子。通向罗马的路不止一条。你可以熟读乃至熟背王永庆、李嘉诚等的发迹史，以及他们的处世手腕、经商策略，但最大的可能是，你永远不能成为王永庆、李嘉诚。任何一种在特定时空中对于某人有效的做法，在另外的时空对于别人可能一无是处，尽管目标相同。

所以，世界卓越的股票投资家彼得林·奇在忠告股民时有一条：不要相信股评家和华尔街的所谓金融专家。鲁迅也告诫想成为作家的年轻人：不要相信小说作法之类的书。学会用你自己的心去感受这个世界，学会用你自己的眼睛去观察这个世界，你所体悟到的一切，才能成为智慧，为你捕捉到真正属于你自己的那一种追求以及成功。

为什么要让别人定义你的成功呢？

关于成功，我想起作家三毛小学时代的一件事，老师布置作文，题目叫"我的理想"，所有同学都说自己的理想是科学家、艺术家之类，只有三毛说我的理想是做一个捡垃圾的流浪人。老师觉得是很严重的事，找三毛谈话，反复告诉她这个想法是不对的，无论做什么，总之，就是不能去捡垃圾，不能去流浪。

我小时候也写过很多《我的理想》之类的文章，现在的小孩还在写。所做的理想的梦大概都差不多。所谓我们自己的理想，其实并不是我们自己的，而是这个社会以教育等各种方式，赋予我们的，甚至是强加给我们的。在我们很小的时候，我们就已经被告知我们应当有什么样的理想。也就是说，很多时候，我们的很多观念、很多思想，其实并不是我们自己的，而是社会的成见。很多时候，我们在说话，并不是我们在说话，而是话在说我们。所有的语言和文字，都是社会意识的积淀。我们本来是一张空白的纸，但出生以后，就不断地被教育成社会所期望的那种人。比如，在中国，你从小就被要求成为一个成功的人。

成为一个成功的人。这是一个信念，许多人秉持着这样一个信念在努力工作，一辈子努力，只是为了成功。

但是，如果你问那些追逐成功的人，到底什么是成功？可能有成千上万个答案，这个人心中的成功是买一套别墅，那个人是获得一个工作，另一个人是考上大学，诸如此类，即使同一个人，不同的人生阶段，成功的含义也不一样。在大学毕业时候，获得一个什么职业就是成功了，但到了一定时候，当上什么职位才是成功，又或者，赚到一百万才是成功，再过一段时间，赚上一千万才是成功，再过一段时间，可能觉得钱不重要了，获得什么荣誉才是成功，等等。每个人在追求成功的路上，不断地在调整目标。

因此，成功只不过一个变幻着的概念，一个不确定的东西，然而，这个并不确定的概念却具有强大的力量，主宰着我们许多人的生活，控制着我们许多人的生命方向。这个概念是否虚幻并不重要，重要的是我们大部分人把它看成是实在的。因着这个概念，人们把生活区分了两种形态：成功的与失败的。这种分别意识渗透到我们生活的每个细节，影响着我们的心境。我们认为买得起别墅，就是成功的，那么，买不起别墅就是失败的；我们认为考得上大学，就是成功的，那么，考不上大学就是失败的；我们认为能够从处长晋升为局长是成功的，那么，晋升不上就是失败的，等等。

像三毛这样的人，也许真的觉得做一个流浪者很快乐，也有许多人觉得做一个门卫很快乐，住在简单的房子里很快乐，走路上班很快乐……但是，在中国，社会的成见规定了这是失败的生活。大家认为他们不会幸福。因为大家认为不会幸福，因此，即使那个人真的喜欢流浪的生活，他也必须有勇气去承担这种幸福。大多数都会放弃自己喜欢的，而去追求社会认为成功的。这就是为什么那么多的所谓成功人士，有着心理上的疾病，比如焦虑，比如忧郁，甚至精神病。

生命的形态，其实像自然界的花草，各有各的形姿，各有各的韵味，但是，成功与失败的概念，是把自然的生命形态以及相关的生活方式，作出了高下优劣的区分。因为这种区分，许多人压抑了自己真正的喜悦，把所有的精力用在了追逐社会认可的成功之上，到一定时候，无论成功或失败，都会开始忧虑。

所有的观念都是偏见

当佛陀说,说法者无法可说。他是在坚决地摒弃一切的概念,因为一旦说出,就是概念。而所有的概念,都是一种束缚。概念封闭了真实的存在。比如,生命的形态,有着无限的生动和色彩,并非成功与失败这一对概念可以包含。然而,大多数人,因为从小受到教育,关于成功的教育,因此,一生都在成功与失败这对概念里打转,而丧失了生命更广大的喜乐。不仅仅只是成功与失败的概念,再比如,健康的概念,美丽的概念,婚姻的概念,等等,一切的概念,以及以概念为基础的各种观点,构筑了一道道的围墙,把生命封锁在某个空间里,而墙的外面是溪流,是树林,是花朵,是山峰,是天空,是大地……

做一个科员,并不意味着你会丧失生命的喜乐,但是关于成功的概念,会让你觉得升不上科长生活就没有了意义。考不上大学,其实还有无数的发展机会,但是,关于成功的概念,会让你觉得上不了大学前途变得一片灰暗,等等。生命的各种形态,以及各种的生活方式,本来并没有高下优劣之分,每一种形态,每一种方式,你都可以享受到天空和阳光,都可以享受到四季的律动,都可以享受到时光流转里的光与影……生命本身或生活本身并没有什么成功失败之分,是成功与失败这样的概念使得生活有了成功和失败之分。一个人做着门卫或园丁,他自己觉得很悠闲、很惬意,但是,人们不断地向他传递这样的信息:你是一个男人,是一个有学历的男人,做门卫或园丁是很失败的。然后,那个人就会觉得自己很失败，会产生焦虑，会寻求着更好的发展。其实生命本身的喜乐，与门卫或公司总经理之类的职位，没有什么关系，但是，成功与失败的概念使得门卫有了失败感。

如果那个人明白自己已经在门卫或园丁这样的岗位上获得真正的喜乐，或者明白到生命的喜乐与职位没有什么关系，并且有足够的勇气和毅力，那么，他就会完全不理会别人的说法，也就不再费尽心机钻营，谋求更好的位置，而是仍然按照自己的生活方式生活，顺其自然而已。如此，他活得很自在。

再比如，关于离婚，其实并不负面，也不可怕。因为如果婚姻基于爱，那么，爱不在了，婚姻就应当结束；如果婚姻基于功利，那么，功利得到以后，婚姻也会结束。因此，无论基于什么，离婚都是婚姻的一种自然状态，本身无所谓好坏。但是，可怕的是，社会上形成了关于离婚的一套话语体系，把离婚看成是一个可怕的事情，是负面的事情，是应当尽一切可能避免的事情。有一个女人去做心理治疗，说她的丈夫粗暴地对待她，完全不能沟通。怎么办？心理治疗师的答案是，你不要去责怪你的丈夫，不要指望着他去改变，而要反省自己做得不够好，要使自己做得更好。这样的治疗师完全拘泥于"离婚是负面的"这样的流行观念，所开导的，是要人们隐忍。为着这样一种观念，隐忍着，然后许多人变成了忧郁症、精神病。通过压抑、克制，并非彻底的治疗，彻底的治疗是认清真相，然后，基于真相选择继续维持婚姻还是结束婚姻。

因此，当佛陀说，说法者无法可说。他的意思是，所有的概念以及由此而来的观念，都是偏见，都是对于生命的束缚，当我们活着,在每一个时刻,都要放弃一切的概念和观念。一朵花,就如此盛开着,是人类赋予了许多概念在它之上,比如牡丹花,比如鲜红,比如美丽,比如动人,等等,佛陀并不否认这些概念,他只是引导我们不要专注于这些概念,不要以为这些概念就是花的存在,而是要直接去观看花,不要说它是红的,也不要说它是鲜艳的,全然地看着它,感受它。甚至,这是一朵花这样的念头也要摒弃,只是一种存在,一种你能够看到的存在。你的心与它的形态,相互之间全然地敞开。

当我们看到一个人,不要先急着给予他一个概念,比如他是个河南人或北京人,他是个商人,诸如此类。因为每个概念背后,都是社会形成的一套观念、判断,比如河南人与欺骗,北京人与夸夸其谈,商人与唯利是图。如果你先有概念,就意味着你已经先接受了一种判断,一种来自别人的判断。因此,你应当空掉所有的概念,只是全然地面对这个人,他不是什么,他只是你当下看到的存在,你全然地,没有任何成见地,去面对他,然后,你自己的心会告诉你他是什么。

第 10 课　不要活在自我的牢笼里

　　佛并没有说"我"不存在，佛只是进一步看到，所谓"我"，是一个假名，所有的"我"都是五蕴和合而成，都是有生灭相续的假象。当佛陀说，你要回到你自己，那个自己是去掉了假象的自己，是如如不动的自己，安住在真如中的自己，不受烦恼侵袭的自己。

佛陀的基本思想，就是这四句话

不取于相，如如不动。这是《金刚经》所描述的最高的境界。最典型的例子，是在遭受别人割截自己身体的时候，没有任何的怨恨，没有任何的愤怒，只是很平静地承受。这是佛陀在前生做忍辱仙人时候的真实遭遇。

那时，他在林中禅定。歌利王带着一群宫女到树林里游玩，吃过东西后，歌利王睡着了，宫女们发现了禅定着的忍辱仙人，不知为什么，受到吸引，便围坐在他的身边。仙人便向他们讲慈悲和忍辱的道理。宫女们久久不肯离去。歌利王醒来后，发现宫女们专注地听着仙人在讲法，不禁大怒，气势汹汹地问仙人："你在干什么？"仙人回答："我在修习忍辱，实行慈悲。"歌利王就说："那我试试你的道行有多高。我要用我的剑，削掉你的耳鼻，砍断你的手脚，如果你还不发怒，我就相信你在修习忍辱。"然后，歌利王开始用剑去割截仙人的身体，看着仙人很平静，便问："你的心还没有动摇吗？"仙人回答："我在修持忍辱和慈悲，内心怎么会动摇呢？"

这是如如不动的最高典范。《金刚经》里提到这段故事，并解说佛陀当时为什么能够平静承受，不起一点的嗔恨心，那是因为佛陀在那个时候"无我相、无人相、无无寿者相"。"我于往昔节节支解时，若有我相、人相、众生相、寿者相，应升嗔恨"。

看来，无相是关键。只有修习到"无相"的境界，解脱才是可能的。只有无相的境界，才有可能使得我们超越肉身的限制，回归到无限的深邃和广大。而无相的关键，其实是无我。所谓人相、众生相、寿者相，根源都在于有"我"，就像老子在道德经里说，假如没有我这个身体，那么，还会有什么烦恼和恐惧呢？

因此，要达到解脱，必须要"无我"。"无我"在佛教里，是三个基本原理（三法印）之一，其他两个分别是：无常，涅槃。也有四法印的说法，加了一个苦谛。简单地说，佛陀的基本思想就是四句话：诸行无常，诸行皆苦，诸行无我，涅槃为永寂。大意是所有事物的运行都是有生有灭的，都是无常变化的；各种事物的运行带来的埋下的都是苦的种子；各种事物的运行并没有一个确定的主体；只有超越生死轮回安住寂静才是最终的解脱。

关于无常，关于苦谛，关于涅槃，都比较容易解释和证悟，比较难的是"无我"。据说，唐朝著名的居家修行者庞居士听某和尚讲《金刚经》，讲到"无我"、"无人"时，他起来提问："座主，既无我无人，是谁讲谁听？"是的，如果说无我，那正在讲和听的人是谁呢？就如此刻，正在电脑上打字的人是谁呢？

关于"无我"的修习，也许正是从"我是谁"这样一个问题开始（存在主义把这个问题加上"我从哪里来？要到哪里去"当作是存在的根本问题）。所有人觉得我就是我，是理所当然的，不用怀疑的。但是，如果我们静心思考，可能会发现，我是谁？实在是一个难以解答的问题。一个大学生问哲学老师："有一个问题使我苦恼，怎么说呢，有时候我觉得我并不存在。"哲学教授反问了一句："谁觉得你不存在？"学生回答："我觉得。"马上就逃跑了。

奇妙的无我之境

有一则网上流传的帖子更加有意思：

女人认为自己过得很不如意，于是她自杀了。她准备进入天堂的时候，一个天使拦住了她。天使问她："你是谁？"

"我是玛丽·布莱克。"

"我没问你的名字，我问你是谁？"

"我是老师。"

"我没问你的职业，我问你是谁？"

"我是杰克的母亲。"

"我没问你是谁的母亲，我问你是谁？"

"我住在松树街28号。"

"我没问你住哪，我问你是谁？"

……

最后玛丽决定回到人间寻找"我是谁"这个问题的答案。

这段对话源自南传佛教典籍《弥兰陀王问经》，几乎是那先和弥兰陀王对话的现代版，那先问弥兰陀王："什么是那先？你认为头发是那先吗？"然后他依次问了身体的各个部分是不是那先，弥兰陀王都说不是，那先就说："我问得这样仔细，都没有发现任何那先，因此，那先只是一个空洞的声音。"非常有趣地说明了"我"并不是一个实在的主体，只是一些名色的组合。这是从无常的角度看"我"只不过名色的因缘和合，并非一个绝对的实体。在绝对的意义上，这个我其实并不存在。

而在南传佛教典籍《杂尼迦耶》里，佛陀还从苦谛的角度说明这个身体其实并不是"我"："身体（色）不是我。如果身体是我，身体就不会陷入苦，人们就可以说，'让我的身体这样，让我的身体那样。'可是身体不是我，所以身体陷入苦，人们不能说'让我的身体这样，让我的身体那样'。"依此类推，受、想、行、识也都不是我。最后，心也不是我："如果无知的人将四大元素的产物——身体认作我，也强于将心认作我。为什么？人们看到这个四大元素的产物——身体存在一年、两年、三年、四年、五年、十年、二十年、三十年、四十年、五十年、一百年甚至更长。而我们所谓的心、意和识，日夜消长，此起彼伏，犹如林中跳跃的猴子，抓住这根树枝，放掉那根树枝。"

佛陀的意思非常清晰，他所说的无我，并非说没有这个我，并非说站在前面的那个人不存在，也并非说他自己不存在，而是说，无论是那个"我"，还是这个"我"，实际上都是不确定的，总是在变化之中的。因此，我们不要执著于由五蕴组成的那个自我。又回到了《金刚经》里的基本点：不执著。

一念向善,你就是佛

佛陀在许多地方说,你要回到你自己。有一个故事说,一帮年轻人在林中追一个逃跑的妓女,正好遇到佛陀,佛陀问他们在寻找什么,他们说在寻找一个妓女。然后,佛陀就引导他们:为什么不去寻找你们自己呢?在《长尼迦耶》里,佛陀对阿难说:"你们要以自己为岛屿安住,以自己为庇护,不以别人为庇护;以法为岛屿,以法为庇护,不以别人为庇护。"

但在《金刚经》,以及其他的许多经书里,又说"无我",是否是一种矛盾?如果我们贯通了佛陀前后的教诲,就会发现,并不是矛盾,而是同一个意思,从不同的角度去说。佛陀在《金刚经》里说:如来说有我者,则非有我,而凡夫之人以为有我。佛并没有说"我"不存在,佛只是进一步看到,所谓"我",是一个假名,所有的"我"都是五蕴和合而成,都是有生灭相续的假象。当佛陀说,你要回到你自己,那个自己是去掉了假象的自己,是如如不动的自己,安住在真如中的自己,不受烦恼侵袭的自己。

当佛陀说"无我",是在提示我们,我们所执著的那个我,其实不是真正的我,只是一个有生有灭的"臭皮囊",只是一堆不断积累起来的"习见"("常见"的意思)。我们以为身体是我们自己的,因此,不断地努力满足身体的愉悦。身体引起的感觉,主宰着我们的生活。比如冷了我们要穿衣服,饿了要吃饭,等等。还有各种意念、看法,指引着我们生活的方向。因此,每个人实际上都生活在由身体和观念构筑的牢房里面。

但是，身体只是一个身体，一个不断衰老直到死亡的形体。仅仅死亡，足以证明它不是理所当然，也非绝对，更非永恒。因此，为着满足身体的需要所作的努力，有一个适当的度，如果生活的目的，全然为着满足身体的需要，那么，自我就成了身体的奴隶。名声之类似乎是比较超越性的东西，但是，如果你以为你的名声或职位，就是你自己，也注定会失望。因为，名声、职位建立在别人的看法之上，你自己无法左右。当职位不再或名声消退的时候，就是无边的烦恼和痛苦。至于观念，更非我们自己具有，而是社会透过家庭、学校等赋予我们的。

我们大部分人，一辈子就在自己的身体所需要的，以及自己的名位上，以及无数的观念、意念上打转。许多人的生活看起来很舒适，别墅、地位、荣誉，诸如此类。然而，往往是猪圈式的生活。空洞、无聊、烦恼，占据了心灵。所以，佛陀说，要回到你自己，回到那个不受身体、名位、观念束缚的自己，那个在当下向着无限敞开的自己。

那个身体还在，当割破了指头，还是会痛；那个职位还在，那些观念还在。你感觉到那个痛，但同时更观照到那个痛；你处于那个职位，但同时更观照到那个职位；你每一个念头产生时，你都会觉知到，都会观照到。这样，你不会完全服从于你的身体、你的观念，也不是要泯灭你的身体和观念，而是把他们放下，放在大自然之中，放在一个无限中，让它们返回到根源上，返回到整体性之中。我是我，同时，又不是我，所以，我是我。

佛陀用"无我"的说法，启发我们可以从自身抽离出来，从一个更远更广阔的角度来观照自身。《金刚经》里说到如来有肉眼、天眼、慧眼、法眼、佛眼。所谓五眼，是观照的方法，是如何从自我的界限，渐渐扩大，让自我回到本原之中。

佛陀并非有什么神通，并非借助什么神力，而是凭借自己的观照，看到了我们一般人看不到的东西。如果你能够禅定，能够证悟到存在的空性，能够发愿普度众生，那么，你也能像佛陀一样，什么都看到，什么都能够知道。

第二部分

《金刚经》全文注音版

史上流传最广的经典版本,完整收录5176字原文

全文注音,特别适合睡前诵念静心

全本白话译文,准确生动,通俗易懂

第一品　法会因由分

如是我闻(rú shì wǒ wén)：

一时佛在舍卫国祇树给孤独园，与大比丘众千二百五十人俱。尔时世尊食时，着衣持钵，入舍卫大城乞食。于其城中，次第乞已，还至本处，饭食讫，收衣钵，洗足已，敷座而坐。

【白话译文】

我曾经听佛这样说：

那时候，佛陀与1250位大比丘住在一起，住的地方叫祇园精舍，是舍卫国的给孤独长者施舍的。有一天，到了吃饭时间，佛陀就穿上袈裟，拿起饭钵，走进舍卫城去乞食。挨家挨户地乞讨一遍后，就回到住处，吃了饭，收拾好袈裟，洗干净饭钵，又用清水洗濯双足，铺好座位，安静地坐下。

第二品　善现启请分

时，长老须菩提在大众中，即从座起，偏袒右肩，右膝着地，合掌恭敬而白佛言："希有，世尊，如来善护念诸菩萨，善付嘱诸菩萨。世尊，善男子、善女人发阿耨多罗三藐三菩提心，云何应住？云何降伏其心？"

佛言："善哉，善哉，须菩提，如汝所说，如来善护念诸菩萨，善付嘱诸菩萨。汝今谛听，当为汝说。善男子、善女人，发阿耨多罗三藐三菩提心，应如是住，如是降伏其心。"

"唯然，世尊，愿乐欲闻。"

【白话译文】

这时,弟子里一位叫须菩提的尊者,从自己的座位上站起来,袒露着右肩,右膝跪在地上,双手合十,恭恭敬敬地对佛陀说:"太难得了,世尊,您老人家一向慈悲为怀,总是护持眷念着各位菩萨,又总是吩咐嘱咐各位菩萨,但现在,假如有向善的男子和女子,发愿追求无上的正等正觉,想要成就最高的佛道之心,请问世尊,他们如何才能保持这个发心常住不退呢?他们应当怎样去降伏他们心中的妄念呢?"

佛陀回答:"问得真好。须菩提,就像你所说的,如来总是护持眷念着各位菩萨,又总是吩咐嘱咐各位菩萨。现在,你仔细听着,我将告诉你,向善的男子与女子,一旦发心寻求最高佛道的,应该如此守持,应该如此降伏他们的妄念。"

须菩提回答:"好的,世尊,我们喜欢聆听您的教诲。"

第三品　大乘正宗分

佛告须菩提："诸菩萨摩诃萨，应如是降服其心：所有一切众生之类，若卵生，若胎生，若湿生，若化生，若有色，若无色，若有想，若无想，若非有想非无想，我皆令入无余涅槃而灭度之。如是灭度无量无数无边众生，实无众生得灭度者。何以故？须菩提，若菩萨有我相、人相、众生相、寿者相，即非菩萨。

【白话译文】

佛陀告诉须菩提："各位大菩萨，应当这样去降服迷妄的心：一切有生命的存在，卵生的，胎生的，湿生的，化生的，有形质的，没有形质的，有心识活动的，没有心识活动的，以及既非有心识活动又非没有心识活动的，所有的生命，我都要让他们达到脱离生死轮回的涅槃境界，使他们得到彻底的度脱。像这样度脱了无量数的众生，但是实质上，并没有什么众生得到度脱。为什么呢？须菩提，如果菩萨的心中有了自我的相状、他人的相状、众生的相状以及生命存在的时间相状，那么，就不成为菩萨了。"

第四品　妙行无住分

"复次，须菩提，菩萨于法，应无所住，行于布施。所谓不住色布施，不住声、香、味、触、法布施。须菩提，菩萨应如是布施，不住于相。何以故？若菩萨不住相布施，其福德不可思量。须菩提，于意云何？东方虚空可思量不？"

"不也，世尊。"

"须菩提，南西北方，四维上下虚空，可思量不？"

"不也，世尊。"

"须菩提，菩萨无住相布施，福德亦复如是不可思量。须菩提，菩萨但应如所教住。"

【白话译文】

"再者,须菩提,菩萨布施的时候,对于一切都应该没有执著。不执著于色而布施,不执著于声、香、味、触、法而布施。须菩提,菩萨就应该这样不执著于相而布施。为什么呢?假如菩萨不执著于相而布施,他的福德就不可思量。须菩提,你觉得如何呢?东方的虚空(空间)是可以想象和度量的吗?"

"无法想象和度量,世尊。"

"须菩提,南方、西方、北方、东南、西南、东北、西北以及四方上下的虚空,其大小可以想象度量吗?"

"无法想象和度量,世尊。"

"须菩提,菩萨不执著于相而布施,福德就像这样不可思量。须菩提,菩萨应该依照我所说,不执著于相而修行。"

第五品　如理实见分

"须菩提，于意云何？可以身相见如来不？"

"不也，世尊。不可以见身相得见如来。何以故？如来所说身相，即非身相。"

佛告须菩提："凡所有相，皆是虚妄。若见诸相非相，即见如来。"

【白话译文】

"须菩提，你觉得是否可以根据身体相状来认识如来呢？"

"不可以，世尊。不可以根据身体相状来认识如来。为什么呢？如来所说的身体相状，并不就是真实的身体相状。"

佛陀告诉须菩提："一切的现象，都是虚妄不真实的。如果你能观照到一切的现象都是虚妄的，那么，就可以证见如来了。"

第六品　正信希有分

须菩提白佛言:"世尊,颇有众生,得闻如是言说章句,生实信不?"

佛告须菩提:"莫作是说。如来灭后,后五百岁,有持戒修福者,于此章句,能生信心,以此为实。当知是人,不于一佛、二佛、三四五佛而种善根,已于无量千万佛所种诸善根。闻是章句,乃至一念生净信者,须菩提,如来悉知悉见,是诸众生得如是无量福德。何以故?是诸众生,无复我相、人相、众生相、寿者相,无法相,亦无非法相。何以故?是诸众生,若心取相,即为着我、人、众生、寿者;若取法相,即着我、人、众生、寿者。何以故?若取非法相,即着我、人、众生、寿者。是故，不应取法，不应取非法。以是义故，如来常说：汝等比丘知我说法如筏喻者。法尚应舍，何况非法。"

【白话译文】

须菩提对佛陀说："世尊，芸芸众生，听到您所说的这些话，能够产生坚定的信仰心吗？"

佛陀告诉须菩提："千万不要这样说。在我灭度之后的第五个五百年，会有持戒修福的人，对这些话产生信心，并以这些话作为真实的教法。这些人不只是在一佛、二佛、三佛、四佛、五佛处种下了善根前缘，而是在无限遥远的前世，在千万位佛处种下了善根。因此，一旦听到这些经文章句，就会在一念之间产生真正的信仰。须菩提，我完全知道，也完全能够看到，这些众生会获得无量的福德。为什么呢？因为这些众生已经不再有我、人、众生、寿者的分别心，也放下了有与无的分别心。为什么呢？这些众生的心如果感知并反映存在的形相，那么，就会执著于我、人、众生、寿者的分别；如果对于存在的形相作出'有'的判断，那么，同样会执著于我、人、众生、寿者的分别；如果对于存在的形相作出'无'的判断，那么，也会执著于我、人、众生、寿者的分别。所以，不要执著于各种形相，也不要执著于空无。因为这个道理，如来常常说：你们应该知道，我讲佛法，就像用筏把你们渡过河，到了彼岸就要舍弃筏。连佛法都要舍弃，更何况那些迷妄的见解。"

第七品　无得无说分

"须菩提,于意云何?如来得阿耨多罗三藐三菩提耶?如来有所说法耶?"

须菩提言:"如我所解佛所说义,无有定法名阿耨多罗三藐三菩提,亦无有定法如来可说。何以故?如来所说法,皆不可取、不可说,非法,非非法。所以者何?一切贤圣皆以无为法而有差别。"

【白话译文】

"须菩提,你觉得如来真的得到了无上正等正觉吗?如来真的说了什么法(道理)吗?"

须菩提回答:"按我理解佛所说的,并没有绝对的哪个法叫无上正等正觉,如来也没有绝对地说了哪个法。为什么呢?如来所讲的佛法,都是不可执著,也不可言说的,既不是法,也不能说不是法。为什么呢?因为一切圣贤所证悟的都是无生无灭的无为境界,只是证悟的程度有所差别而已。"

第八品　依法出生分

"须菩提,于意云何?若人满三千大千世界七宝,以用布施,是人所得福德宁为多不?"

须菩提言:"甚多,世尊。何以故?是福德,即非福德性,是故如来说福德多。"

"若复有人于此经中,受持乃至四句偈等,为他人说,其福胜彼。何以故?须菩提,一切诸佛及诸佛阿耨多罗三藐三菩提法,皆从此经出。须菩提,所谓佛法者,即非佛法。"

【白话译文】

"须菩提,在你看来,假若有人用无数的珍宝去布施,所获得的福德是不是很多?"

须菩提回答:"非常多,世尊。为什么呢?因为这种福德,并非根本上的福德,如来只是从世俗的意义上说福德很多。"

"假如有人能够信守奉持此经,哪怕是其中四句偈,并向他人宣说,那么这个人的福报,就比用无数珍宝布施获得的还要多得多。为什么呢?须菩提,因为所有的佛以及他们所具有的无上正等正觉的法门,都来源于这本经的大智慧。须菩提,我告诉你吧,所谓佛法,只不过一种方便的法门,从根本上说,并没有什么绝对的佛法。"

第九品　一相无相分

"须菩提，于意云何？须陀洹能作是念：我得须陀洹果不？"

须菩提言："不也，世尊。何以故？须陀洹名为入流，而无所入。不入色、声、香、味、触、法，是名须陀洹。"

"须菩提，于意云何？斯陀含能作是念：我得斯陀含果不？"

须菩提言："不也，世尊。何以故？斯陀含名一往来，而实无往来，是名斯陀含。"

"须菩提，于意云何？阿那含能作是念：我得阿那含果不？"

须菩提言："不也，世尊。何以故？阿那含名为不来，而实无不来，是故名阿那含。"

"须菩提，于意云何？阿罗汉能作是念：我

得阿罗汉道不？"

须菩提言："不也，世尊。何以故？实无有法名阿罗汉。世尊，若阿罗汉作是念：我得阿罗汉道，即为着我、人、众生、寿者。世尊，佛说我得无诤三昧，人中最为第一，是第一离欲阿罗汉。世尊，我不作是念：我是离欲阿罗汉。世尊，我若作是念：我得阿罗汉道，世尊则不说须菩提是乐阿兰那行者。以须菩提实无所行，而名须菩提，是乐阿兰那行。"

【白话译文】

"须菩提，你觉得须陀洹可不可以自己以为已经证得须陀洹果位了？"

须菩提回答："不可以，世尊。为什么呢？须陀洹的意思是入流，也就是预入涅槃之流，但实际上，没有什么可以进入的。不入色、声、香、味、触、法这些外尘境界，才是真正的须陀洹。"

"须菩提,斯陀含可不可以自己以为已经证得斯陀含果位了?"

须菩提回答:"不可以,世尊。为什么呢?斯陀含的意思是一往来,即达到斯陀含果位的人,还要托生天上一次,托生人间一次,才能得到最后的解脱。但实际上,并没有什么往来的,才是真正的斯陀含。"

"须菩提,阿那含可不可以自己以为已经证得阿那含果位了?"

须菩提回答:"不可以,世尊。阿那含的意思是不来,即达到阿那含果位的人已经断绝欲望,不再托生欲界。但实际上,并没有什么不来,才是真正的阿那含。"

"须菩提,阿罗汉可不可以自己以为已经证得阿罗汉果位了?"

须菩提回答:"不可以,世尊。为什么呢?阿罗汉的意思是不生,心中不再有任何法相的执著和分别了。如果阿罗汉产生'我已经达到阿罗汉果位'这样的念头,那么,就是陷于我、人、众生、寿者这四种法相。世尊,佛说我已经达到了因着空性的理解而无欲无念、不起争辩的境界,是修行最高的人,是彻底断绝了欲念的阿罗汉。但是,世尊,我自己不会认为自己已经达到阿罗汉的境界,如果我这样认为的话,世尊就不会说我是乐于寂静、无诤的阿兰那行者了。因为须菩提已彻底舍弃分别执著之心,也不执著于自己的一切功行德相,所以才称须菩提是乐于阿兰那(寂静处)的修行者。"

第十品　庄严净土分

佛告须菩提："于意云何？如来昔在然灯佛所，于法有所得不？"

"不也，世尊。如来在然灯佛所，于法实无所得。"

"须菩提，于意云何？菩萨庄严佛土不？"

"不也，世尊。何以故？庄严佛土者，即非庄严，是名庄严。"

"是故，须菩提，诸菩萨摩诃萨，应如是生清净心，不应住色生心，不应住声、香、味、触、法生心，应无所住而生其心。须菩提，譬如有人，身如须弥山王，于意云何？是身为大不？"

须菩提言："甚大，世尊。何以故？佛说非身，是名大身。"

【白话译文】

佛问须菩提："你说从前如来在燃灯佛那里，有没有得到佛法呢？"

"没有，世尊。如来在燃灯佛那里，在佛法上没有得到什么。"

"那么，须菩提你说，菩萨有没有使得这个世界更为庄严？"

"没有，世尊。为什么呢？因为菩萨领会的只是世界本来的样子，并没有新奇之处，他教导人去领会的，也是世界本来的样子；他并没有给世界新的东西，也没有给人新的东西。所以，哪里给世界增添了庄严呢？虽然如此，看到世界本来的样子还是最难得的事，教导众人看到世界本来的样子，还是最难得的事，是使世界整个活泼地展现出来，是解放了人心，是解放了世界，因此，又可以说他庄严了这个世界。"

"因此，须菩提，诸位菩萨应该这样产生清净的心：不应当执著于色上产生心念，也不应当执著于声、香、味、触、法这些外尘产生心念，应当对于存在的一切都不滞留不执著而心念流淌。须菩提，比如有个人，身体像须弥山那样高大，你说这样的身体是不是很高大？"

须菩提回答："世尊，是非常的高大。为什么呢？佛所说的非身，也就是离开了身体的假相，证悟得不生不死、不增不减的法身，姑且叫做大身。"

第十一品　无为福胜分

"须菩提，如恒河中所有沙数，如是沙等恒河，于意云何？是诸恒河沙宁为多不？"

须菩提言："甚多，世尊，但诸恒河尚多无数，何况其沙。"

"须菩提，我今实言告汝，若有善男子、善女人，以七宝满尔所恒河沙数三千大千世界，以用布施，得福多不？"

须菩提言："甚多，世尊。"

佛告须菩提："若善男子、善女人，于此经中，乃至受持四句偈等，为他人说，而此福德胜前福德。"

【白话译文】

"须菩提,像恒河中所有沙子那么多数目的恒河,在你看来,所有这些恒河里的沙子,是不是很多?"

须菩提回答:"很多很多,世尊。那么多的恒河已经多得不可胜数,更何况那么多恒河里的沙子。"

"须菩提,我再问你,假如有善男子和善女人,用了恒河沙子那么多的三千大世界的金银珠宝去布施,所得的福报功德是不是很大?"

须菩提回答:"很大很大,世尊。"

佛对须菩提说:"如果有善男子和善女人,能够从这部经里面,哪怕只是信守其中的四句偈,并且向别人宣说,那么,他的功德就大大超过前面布施珍宝的人了。"

第十二品　尊重正教分

"复次，须菩提，随说是经，乃至四句偈等，当知此处，一切世间天、人、阿修罗，皆应供养，如佛塔庙，何况有人尽能受持、读诵。须菩提，当知是人，成就最上第一希有之法。若是经典所在之处，即为有佛，若尊重弟子。"

【白话译文】

"再者，须菩提，凡是解说这部经的地方，即使只解说了四句偈，那么，这个地方是世间一切善道众生，包括天、人、阿修罗等都应该尊敬、供养的地方，把它看做佛的塔庙一般。更何况有人把这部经全部领会诵读，须菩提，应当知道，这样的人，成就了世界上最高的、第一等的、希有的事。凡是这部经典所在的地方，就是有佛在，应该像尊重佛或佛的亲身弟子那样尊重这个地方。"

第十三品　如法受持分

尔时，须菩提白佛言："世尊，当何名此经？我等云何奉持？"

佛告须菩提："是经名为《金刚般若波罗蜜》，以是名字，汝当奉持。所以者何？须菩提，佛说般若波罗蜜，即非般若波罗蜜，是名般若波罗蜜。须菩提，于意云何，如来有所说法不？"

须菩提白佛言："世尊，如来无所说。"

"须菩提，于意云何？三千大千世界所有微尘，是为多不？"

须菩提言："甚多，世尊。"

"须菩提，诸微尘，如来说非微尘，是名微尘。如来说世界非世界，是名世界。须菩提，于意云何？可以三十二相见如来不？"

"不也,世尊。不可以三十二相得见如来。何以故?如来说三十二相即是非相,是名三十二相。"

"须菩提,若有善男子、善女人,以恒河沙等身命布施,若复有人,于此经中乃至受持四句偈等,为他人说,其福甚多。"

【白话译文】

这时,须菩提问佛陀:"世尊,应当用什么名字来称呼这部经呢?我们应该如何信守奉持这部经呢?"

佛陀回答:"这部经叫作《金刚般若波罗蜜》,你们用这个名字信奉就可以了。为什么呢?须菩提,佛说到彼岸的智慧,其实,法无定法,并非到彼岸的智慧,因此名为到彼岸的智慧。"

"须菩提,你觉得如来真的说了什么法吗?"

须菩提回答:"世尊,如来实际上什么也没有说。"

"须菩提,三千大千世界的所有微尘,是不是很多?"

须菩提回答:"很多很多,世尊。"

"须菩提,所有的微尘,如来说并非微尘,才名叫微尘。如来说世界即非世界,所以称为世界。须菩提,你觉得可以依据三十二种身体特征来认识如来吗?"

"不可以，世尊。不可以依据三十二种身体特征来认识如来。为什么呢？三十二种身体特征并非如来的真实本质，只是方便称呼而已，所以称为三十二相。"

佛陀说："须菩提，如果有善男子和善女人，以恒河中沙子那么多的身体和性命来作布施，又有人能够信守奉持此经，甚至只是信守奉持其中的一个四句偈，并且广为他人宣说，那么他的福德远远超过以身命布施的福德。"

第十四品　离相寂灭分

尔时，须菩提闻说是经，深解义趣，涕泪悲泣而白佛言："希有，世尊！佛说如是甚深经典。我从昔来，所得慧眼，未曾得闻如是之经。世尊，若复有人得闻是经，信心清净，即生实相，当知是人，成就第一希有功德。世尊，是实相者，即是非相，是故如来说名实相。世尊，我今得闻如是经典，信解受持，不足为难。若当来世后五百岁，其有众生得闻是经，信解受持，是人即为第一希有。何以故？此人无我相，无人相，无众生相，无寿者相。所以者何？我相即是非相，人相、众生相、寿者相即是非相。何以故？离一切诸相，即名诸佛。"

佛告须菩提："如是，如是。若复有人得闻是经，不惊，不怖，不畏，当知是人甚为希有。何以故？须菩提，如来说第一波罗蜜，即非第一波罗蜜，是名第一波罗蜜。

"须菩提，忍辱波罗蜜，如来说非忍辱波罗蜜，是名忍辱波罗蜜。何以故？须菩提，如我昔为歌利王割截身体，我于尔时，无我相，无人相，无众生相，无寿者相。何以故？我于往昔节节支解时，若有我相、人相、众生相、寿者相，应生嗔恨。

"须菩提，又念过去于五百世作忍辱仙人，于尔所世，无我相，无人相，无众生相，无寿者相。是故，须菩提，菩萨应离一切相，发阿耨多罗三藐三菩提心。不应住色生心，不应住声、香、味、触、法生心，应生无所住心。若心有住，即为非住。是故，佛说菩萨心不应住色布施。须菩提，菩萨为利益一切众生故，应如是布施。如来说一切诸相即是非相，又说一切众生即非众生。

"须菩提，如来是真语者、实语者、如语者、不诳语者、不异语者。须菩提，如来所得法，此法无实无虚。须菩提，若菩萨心住于法而行布施，如人入暗，即无所见；若菩萨心不住法而行布施，如人有目，日光明照，见种种色。

"须菩提，当来之世，若有善男子、善女人能于此经受持读诵，即为如来，以佛智慧，悉知是人，悉见是人，皆得成就无量无边功德。"

【白话译文】

那时,须菩提听了佛陀解说这部经典,深深地领会了它的意旨,喜极而泣,恭敬地对佛陀说:"真是奇妙啊,世尊。您把最深的道理说得如此明白。我从过去以来,修行成了洞察一切现象皆空的能力,却没有悟到这部经所讲的道理。世尊,假如有人听到这部经,能够深深领会,脱离了观念与形相的羁绊,因而看到事物的本来面目,那么,这个人已经成就了第一希有的功德。世尊,所谓实相,其实是一种假相,只是名之为实相。世尊,我今天听到这样的经典,信奉、理解、领受、持行,并不困难。假如到了佛灭后的末法时代,也就是佛灭后第五个五百年的时候,有人有缘听到这部经,能够信奉、理解、领受、持行,那么,这个人实在是难得。为什么呢?因为这个人已经达到了无我相、无人相、无众生相、无寿者相的境界。为什么呢?因为这个人证悟了我、人、众生、寿者四种相并没有自足的自性,是因缘和合而成,是幻相,也就是非相。总之,如果能够洞察一切形相的真如实相,不再执著于任何形相,那么,就是佛的境界了。"

佛听罢后说:"是这样的,是这样的。假如有人有缘听到这部经以后,不再惊疑,不再恐惧,不再害怕,那么,他一定是一位难得的人。为什么呢?因为这个人明白,如来宣说的最彻底的解脱智慧,实际上并不应该执著于它,只有不执著于它,才是最高的解脱智慧。

"须菩提,用忍辱的方法达到解脱也是如此,如果执著于方法本身,以辱为难忍而强迫自己忍受,那么,不可能获得解脱;只有当一个人不再觉得辱是辱,而让它在自己心中消失于无形,这才叫以忍辱的方法达到了解脱。为什么呢？须菩提，就好比我在过去世被歌利王割肉喂鹰，我在当时完全没有去想什么是我，什么是别人，什么是生命，什么是寿命。为什么呢？如果那时我在被节节肢解的时候，心中有什么是我，什么是人，什么是众生，什么是寿者的念头，就会产生怨恨；一旦产生怨恨，就无法得到解脱。

"须菩提，不要以为我只是在歌利王时代才实行忍辱，其实，在过去的五百世中，我已经作忍辱仙人，已经没有了我相、人相、众生相、寿者相的分别执著了。所以，须菩提，菩萨应该去除一切分别的看法，产生追求至高无上觉悟的心愿。菩萨的心是活泼的，不滞留在任何有限界分别的概念和形相上，不滞留在任何有形有色的物质事物上，不滞留在任何声音、气息、味道和道理上。菩萨应当产生一种对一切都不执著的心。有了不执著一切的心，就可以在任何时间住在任何地方，住着，其实也可以说，并没有住着。我说菩萨的心不应该滞留在任何事物上，并以这不执著的心向人行善，就是这个意思。须菩提，为了成就一切众生的利益，菩萨应该这样布施。我说的是，一切的形相或现象，只是为了说明的方便而假设的名称，并不是真的实有这种形相或现象；同样，众生也只是个假名，其实并无孤立自足的自性。

"须菩提，我讲的解脱的智慧，是真而不妄、实而不虚的，它不是自欺欺人，也不是奇谈怪论。须菩提，我所领悟的道理，既不是真实的，也不是虚假的。须菩提，假如菩萨的心执著于法相而布施，就好像一个人走入了黑暗的地方，什么都看不到。假如菩萨的心不执著于法相而布施，就好像一个人有明亮的眼睛，在阳光下能够照见到各种形色。

"须菩提,将来的世代,假如有善男子、善女人能够信守、奉持、理解、读诵这部经,我凭着广大无边的智慧可以判定,这样的人能够修成佛国,成就无量无边的功德。"

第十五品　持经功德分

"须菩提，若有善男子、善女人，初日分以恒河沙等身布施，中日分复以恒河沙等身布施，后日分亦以恒河沙等身布施。如是无量百千万亿劫，以身布施。若复有人，闻此经典，信心不逆，其福胜彼，何况书写、受持、读诵、为人解说。

"须菩提，以要言之，是经有不可思议、不可称量无边功德。如来为发大乘者说，为发最上乘者说。若有人能受持、读诵、广为人说，如来悉知是人，悉见是人，皆得成就不可量、不可称、无有边、不可思议功德。如是人等，即为荷担如来阿耨多罗三藐三菩提。

"何以故？须菩提，若乐小法者，着我见、

人见、众生见、寿者见,即于此经,不能听受读诵,为人解说。

"须菩提,在在处处,若有此经,一切世间天、人、阿修罗所应供养。当知此处,即为是塔,皆应恭敬,作礼围绕,以诸华香,而散其处。"

【白话译文】

"须菩提,如果有善男子、善女子,为了求取福德,早晨把恒河沙一样多的自身性命来牺牲,中午又把恒河沙一样多的自身性命来牺牲,下午再把恒河沙一样多的自身性命来牺牲,这样用百千万亿劫(量词)的性命来布施。假如另有一个人,听到这部经典,便产生了贯通的领会,深信不疑,他的福德就比前面那个人还多,更何况抄写、接受、读诵、为别人加以解说。

"须菩提,关键在于,这部经有不可思议、不可称量的功德。如来是为那些发菩提心的人说的,为那些追求最终解脱的人说的。如果有人能够领会接受、读诵,以教育的热忱向大家解说,如来都清楚地看见并了解这个人,他会得到不可称量、无边无际、不可思议的功德。像这样的人,就能像如来一样具有无上正等正觉,就能担负弘扬佛法的重任。反之,如果一个人乐于外道小法，就不免执著于我、人、众生、寿者实际存在的见解，那么，他就不能信守奉持、读诵此经，并向他人宣说了。

"须菩提，无论何时何地，只要有这部经典存在，所有的天、人、阿修罗等一切众生都自然应该供养这部经典。因为有经存在就等于有佛同在，有经之处相当于佛身之塔，所以大家都应对它尊重恭敬围绕示礼，并以花香什物供养。"

第十六品　能净业障分

"复次，须菩提，若善男子、善女人受持读诵此经，若为人轻贱，是人先世罪业应堕恶道，以今世人轻贱故，先世罪业即为消灭，当得阿耨多罗三藐三菩提。

"须菩提，我念过去无量阿僧祇劫，于然灯佛前，得值八百四千万亿那由他诸佛，悉皆供养承事，无空过者。若复有人于后末世，能受持读诵此经，所得功德，于我所供养诸佛功德，百分不及一，千万亿分乃至算数、譬喻所不能及。

"须菩提，若善男子、善女人于后末世，有受持读诵此经，所得功德，我若具说者，或有人闻，心即狂乱，狐疑不信。须菩提，当知是经义不可思议，果报亦不可思议。"

【白话译文】

"还有，须菩提，假如有善男子和善女人信守奉持并且读诵这部经典，但还是遭到别人的轻贱，那么，说明这个善男子或善女子在过去罪业深重，本来应该堕入地狱、饿鬼、畜生三恶道，因为奉信这部经典，过去的罪业得到消除，只是被人轻贱，从此也能证得无上正等正觉。

"须菩提，回想无数无数劫以前，我在燃灯佛前，遇到了无数无数的佛，我都一一供养，没有错过任何一个。假如有人在未来，能够信奉受持这部经典，那他得到的功德，和我供养无数无数佛的功德相比，我的功德还不及他的百分之一、千分之一、万分之一、千万分之一，乃至无法以任何数目、比喻来说明。

"须菩提，假如有善男子、善女人在久远的未来，能够受持读诵这部经典，他所获得的功德，我一旦一一细说，或许有人听到，就会心里狂乱，狐疑不信。须菩提，你应当明白，这部经的义理不可思议，受持读诵这部经的果报也不可思议。"

第十七品　究竟无我分

尔时,须菩提白佛言:"世尊,善男子、善女人,发阿耨多罗三藐三菩提心,云何应住?云何降伏其心?"

佛告须菩提:"善男子、善女人发阿耨多罗三藐三菩提心者,当生如是心:我应灭度一切众生,灭度一切众生已,而无有一众生实灭度者。何以故?须菩提,若菩萨有我相、人相、众生相、寿者相,即非菩萨。所以者何?须菩提,实无有法,发阿耨多罗三藐三菩提心者。须菩提,于意云何?如来于然灯佛所,有法得阿耨多罗三藐三菩提不?"

"不也,世尊。如我解佛所说义,佛于然灯佛所,无有法得阿耨多罗三藐三菩提。"

佛言:"如是,如是。须菩提,实无有法,如来得阿耨多罗三藐三菩提。须菩提,若有法如来得阿耨多罗三藐三菩提者,然灯佛即不与我授记:'汝于来世当得作佛,号释迦牟尼。'以实无有法得阿耨多罗三藐三菩提,是故然灯佛与我授记,作是言:'汝于来世当得作佛,号释迦牟尼。'何以故?如来者,即诸法如义。若有人言:如来得阿耨多罗三藐三菩提,须菩提,实无有法,佛得阿耨多罗三藐三菩提。须菩提,如来所得阿耨多罗三藐三菩提,于是中无实无虚。是故如来说一切法皆是佛法。须菩提,所言一切法者,即非一切法,是故名一切法。须菩提,譬如人身长大。"

须菩提言:"世尊,如来说人身长大,即为非大身,是名大身。"

"须菩提,菩萨亦如是。若作是言,我当灭度无量众生,即不名菩萨。何以故?须菩提,实无有法名为菩萨。是故,佛说一切法无我,无人,无众生,无寿者。须菩提,若菩萨作是言,我当庄严佛土,是不名菩萨。何以故?如来说庄严佛土者,即非庄严,是名庄严。须菩提,若菩萨通达无我法者,如来说名真是菩萨。"

【白话译文】

这时,须菩提对佛说:"世尊,善男子和善女人,发愿达到无上正等正觉,成就最终的解脱,应该如何保持这种菩提心常住不退?如果生起妄念,又如何去降伏呢?"

佛告诉须菩提:"善男子、善女人发愿成就最高的解脱,应当这样起念:我立志救度一切众生,使他们离苦得乐。一旦度化了一切众生,心中又毫无使一切众生得以救度的念头。为什么呢?须菩提,假如菩萨执著于自我的相状,执著于人的相状,执著于众生的相状,执著于寿者的相状,那么,就不是菩萨。为什么呢?须菩提,从根本上说,其实并没有什么方法,可以使你去追求彻底的解脱。须菩提，我再问你，当年我在燃灯佛那里开悟时，真的得到了一个叫'阿耨多罗三藐三菩提'的佛法吗？

须菩提说："不，世尊，按照我理解佛所说的意思，佛在燃灯佛那里，并没有得到一个无上正等正觉的东西。"

佛说："是的，是的。须菩提，并没有一种固定的方法，可以让我得到彻底的觉悟。如果我是依赖某种方法觉悟的话，燃灯佛就不会给我授记：'你在将来之世会成佛，号释迦牟尼。'因为实在不是凭借什么固定的方法得到觉悟，所以，燃灯佛才为我授记，并说：'你会在将来之世成佛，号释迦牟尼。'为什么呢？所谓如来，就是真如，就是万法都是真如的意思。假如有人说：如来佛在燃灯佛那里得到无上正等觉的最高佛法。须菩提，你应当明白，如来本身无形无相，因此佛开悟时，并没有得到一个无上正等正觉的佛法。"

"须菩提，如来所得到的无上正等正觉，根本上是非有非无、即有即无的，所以佛说一切世间法，都是佛法。须菩提，所谓一切法，就是非一切法，所以才叫一切法。须菩提，这就好比说人的身形高大……"

须菩提接着说："世尊，如来说人的身形高大，就不是真正的身形高大，所以才叫作身形高大。"

佛说："须菩提，菩萨也是这样啊。如果有菩萨说：我应当灭除众生的一切的烦恼，救度一切众生，那他就不是菩萨了。为什么呢？彻底摆脱了对一切法的执著，才是真正的菩萨。因此佛说一切法没有我、人、众生、寿者的分别相状。

"须菩提,如果有菩萨声称自己要用种种功德去庄严佛土,那么,他就不能算作菩萨。为什么呢?如来说的庄严佛土,其实真正的庄严是了不可得的,没有一物可得,心念清净,不起分别,这才叫做庄严。须菩提,若菩萨能够明白无我的道理,如来就说他是真正达到菩萨的境界了。"

第十八品　一体同观分

"须菩提，于意云何？如来有肉眼不？"

"如是，世尊，如来有肉眼。"

"须菩提，于意云何？如来有天眼不？"

"如是，世尊，如来有天眼。"

"须菩提，于意云何？如来有慧眼不？"

"如是，世尊，如来有慧眼。"

"须菩提，于意云何？如来有法眼不？"

"如是，世尊，如来有法眼。"

"须菩提，于意云何？如来有佛眼不？"

"如是，世尊，如来有佛眼。"

"须菩提，于意云何？如恒河中所有沙，佛说是沙不？"

"如是，世尊，如来说是沙。"

"须菩提，于意云何？如一恒河中所有

沙,有如是沙等恒河,是诸恒河所有沙数佛世界,如是宁为多不?"

"甚多,世尊。"

佛告须菩提:"尔所国土中,所有众生若干种心,如来悉知。何以故?如来说诸心,皆为非心,是名为心。所以者何?须菩提,过去心不可得,现在心不可得,未来心不可得。"

【白话译文】

"须菩提,你认为如来的眼睛能够见到一般的色相吗?"

"是的,世尊,如来的眼睛可以见到。"

"须菩提,你认为如来的眼睛能见到很远很广很细微的事物吗?"

"是的,世尊,如来可以见到。"

"须菩提,你认为如来的眼睛可以见到万法的空相吗?"

"是的,如来可以见到。"

"须菩提,你认为如来的眼睛可以见到一切的法门吗?"

"是的,可以见到。"

"须菩提，你认为如来的眼睛可以见到一切的一切吗？"

"是的，可以见到。"

佛又问："须菩提，你认为如何？像恒河中所有的沙粒，佛所说的沙是沙吗？"

须菩提答："是的，世尊，如来说，是沙。"

佛继续问："须菩提，你认为如何？譬如一条恒河中所有的沙粒，每一粒沙又是一条恒河，这么多恒河的所有沙都是佛土，它的数目是不是很多呢？"

须菩提回答："很多，世尊。"

佛告诉须菩提："你所处的这么多国土中的所有众生，所有种种不同的心念如来全都知晓。为什么呢？如来说的种种心，都并非是真正的心，只是假名称为心。为什么这样说呢？须菩提，过去的心是不可得到的，现在的心也是，未来的心也是一样。"

第十九品　法界通化分

"须菩提，于意云何？若有人满三千大千世界七宝以用布施，是人以是因缘得福多不？"

"如是，世尊。此人以是因缘得福甚多。"

"须菩提，若福德有实，如来不说得福德多。以福德无故，如来说得福德多。"

【白话译文】

"须菩提，如果有人用了数不清的宝贝去布施，是不是会因此而得到很多的福报？"

"是这样的，世尊。这个人因为此因缘而得到很多福报。"

"须菩提，假如所谓的福报是个实实在在的东西，如来就不会说福报很多。因为福报本空，如来才说得到的福报很多。"

第二十品　离色离相分

"须菩提，于意云何？佛可以具足色身见不？"

"不也，世尊。如来不应以具足色身见。何以故？如来说具足色身，即非具足色身，是名具足色身。"

"须菩提，于意云何？如来可以具足诸相见不？"

"不也，世尊。如来不应以具足诸相见。何以故？如来说诸相具足，即非具足，是名诸相具足。"

【白话译文】

"须菩提，你觉得我们能够通过圆满的色身去了解佛吗？"

"不能够，世尊。我们无法通过圆满的色身去认识如来。为什么呢？如来说圆满色身，并非是圆满色身，只是名叫圆满色身而已。"

"须菩提,你觉得能够通过各种圆满无缺的庄严之相去认识如来吗?"

"不能够,世尊。如来不能以种种的庄严之相得见。为什么呢?因为如来所说的种种庄严之相,并非实有庄严可得,只是叫作庄严之相而已。"

第二十一品　非说所说分

"须菩提，汝勿谓如来作是念：我当有所说法。莫作是念！何以故？若人言如来有所说法，即为谤佛，不能解我所说故。须菩提，说法者无法可说，是名说法。"

尔时，慧命须菩提白佛言："世尊，颇有众生于未来世闻说是法，生信心不？"

佛言："须菩提，彼非众生，非不众生。何以故？须菩提，众生众生者，如来说非众生，是名众生。"

【白话译文】

"须菩提，千万不要以为如来会这样想：我应当有所说法。千万不要这样想！为什么呢？假如有人说如来有所说法，就是诽谤佛，是没有真正理解我所说的。须菩提，说法的人其实并没有法可以说，所以叫作说法。"

这时，尊者须菩提又对佛说："世尊，在未来，是否有众生听到这样的佛法而生起信心呢?"

佛陀回答:"须菩提,他们既不是众生,也非不是众生。所谓众生,如来说并非是众生,只是叫作众生罢了。"

第二十二品　无法可得分

须菩提白佛言:"世尊,佛得阿耨多罗三藐三菩提,为无所得耶?"

佛言:"如是如是。须菩提,我于阿耨多罗三藐三菩提,乃至无有少法可得,是名阿耨多罗三藐三菩提。"

【白话译文】

须菩提对佛说:"世尊,难道佛具有的无上正等正觉的智慧,也是无所得吗?"

佛陀回答:"是的,是的。须菩提,我对于无上正等正觉的最高佛法一无所得,心里一点也没有得法的念头,只是叫作无上正等正觉罢了。"

第二十三品　净心行善分

"复次,须菩提,是法平等,无有高下,是名阿耨多罗三藐三菩提。以无我、无人、无众生、无寿者修一切善法,即得阿耨多罗三藐三菩提。须菩提,所言善法者,如来说即非善法,是名善法。"

【白话译文】

"再者,须菩提,这个名为无上正等正觉的法,一切平等,没有什么高下之分,所以才叫作无上正等正觉。摆脱了我、人、众生、寿者的区分,来修习一切的善法,就可以证得无上正等正觉。须菩提,所谓善法,如来说并非善法,只是叫做善法罢了。"

第二十四品　福智无比分

"须菩提，若三千大千世界中，所有诸须弥山王，如是等七宝聚，有人持用布施；若人以此《般若波罗蜜经》，乃至四句偈等，受持读诵、为他人说，于前福德，百分不及一，百千万亿分，乃至算数、譬喻所不能及。"

【白话译文】

"须菩提，如果有人用三千大千世界中所有须弥山堆积而成的七宝，来进行布施；而另外有人拿着这本《般若波罗蜜经》，哪怕只是其中的四句偈，受持读诵，并且向他人宣讲；那么，前面那个人布施所得的功德，还不及后一个人的百分之一，百千万亿分之一，直到用算数比喻都不能比拟的程度。"

第二十五品　化无所化分

"须菩提，于意云何？汝等勿谓如来作是念：我当度众生。须菩提，莫作是念！何以故？实无有众生如来度者，若有众生如来度者，如来即有我、人、众生、寿者。

"须菩提，如来说有我者，即非有我，而凡夫之人以为有我。须菩提，凡夫者，如来说即非凡夫，是名凡夫。"

【白话译文】

"须菩提，你觉得如何？大家不要以为如来会有这样的念头：我应当去度脱众生。须菩提，不要有这样的想法。为什么？因为实在是没有如来可度的众生，假如有如来可度的众生，如来就有了我、人、众生、寿者的分别。

"须菩提，如来说有我，实质上并没有我，但一般的凡夫以为有我。须菩提，所谓凡夫，如来说并非是凡夫，只不过名为凡夫而已。"

第二十六品　法身非相分

"须菩提，于意云何？可以三十二相观如来不？"

须菩提言："如是如是，以三十二相观如来。"

佛言："须菩提，若以三十二相观如来者，转轮圣王即是如来。"

须菩提白佛言："世尊，如我解佛所说义，不应以三十二相观如来。"

尔时，世尊而说偈言：

若以色见我，

以音声求我，

是人行邪道，

不能见如来。

【白话译文】

"须菩提,你觉得可不可以凭借三十二种相去认识如来?"

须菩提回答:"是的,是的,可以凭借三十二种相认识如来。"

佛陀说:"须菩提,假如凭借三十二相就可以认识如来,那么,转轮圣王(以正法治世的大君王)就是如来了。"

须菩提对佛陀说:"世尊,按我理解的佛所说的道理,不应该凭借三十二相来认识如来。"

这时,世尊说了一首偈:

若以色见我,

以音声求我,

是人行邪道,

不能见(现)如来。

第二十七品　无断无灭分

"须菩提，汝若作是念：如来不以具足相故，得阿耨多罗三藐三菩提。须菩提，莫作是念：如来不以具足相故，得阿耨多罗三藐三菩提。须菩提，汝若作是念：发阿耨多罗三藐三菩提心者，说诸法断灭。莫作是念！何以故？发阿耨多罗三藐三菩提心者，于法不说断灭相。"

【白话译文】

"须菩提，假如你有这样的想法：如来不因具足一切诸相的缘故，而证得无上正等正觉。须菩提，不要这样想：如来不因为具足一切诸相，而证得无上正等正觉。须菩提，你更不应该有这样的想法：发无上正等正觉心的人，是在说一切法断灭。千万不能这样想，为什么呢？因为发无上正等正觉的人，对于一切的法不会以断灭相去判断。"

第二十八品　不受不贪分

"须菩提，若菩萨以满恒河沙等世界七宝持用布施；若复有人知一切法无我，得成于忍，此菩萨胜前菩萨所得功德。何以故？须菩提，以诸菩萨不受福德故。"

须菩提白佛言："世尊，云何菩萨不受福德？"

"须菩提，菩萨所作福德，不应贪着，是故说不受福德。"

【白话译文】

"须菩提，如果有菩萨用充满恒河沙数一样多的世界七宝布施，而另外有人，明白一切法没有自性，达到无生无灭的大乘境界，那么，此人的功德远远超过了前者。为什么呢？须菩提，真正的菩萨是不接受有为福报的。"

须菩提问佛陀："世尊，为什么说菩萨不接受有为福报？"

"须菩提，菩萨对于所作的福德，没有任何执著贪求，所以说菩萨不受福德。"

第二十九品　威仪寂静分

"须菩提，若有人言：如来若来若去，若坐若卧，是人不解我所说义。何以故？如来者，无所从来，亦无所去，故名如来。"

【白话译文】

"须菩提，假如有人说：如来或来或去，或坐或卧，那么，这个人并不明白我所说的义理。为什么？所谓如来，无所来，也无所去，所以叫做如来。"

第三十品　一合理相分

"须菩提,若善男子善女人,以三千大千世界碎为微尘,于意云何?是微尘众宁为多不?"

须菩提言:"甚多,世尊。何以故?若是微尘众实有者,佛即不说是微尘众。所以者何?佛说微尘众,即非微尘众,是名微尘众。世尊,如来所说三千大千世界,即非世界,是名世界。何以故?若世界实有者,即是一合相,如来说一合相,即非一合相,是名一合相。"

"须菩提,一合相者,即是不可说。但凡夫之人,贪着其事。"

【白话译文】

"须菩提,如果有善男子善女人,把三千大千世界碾碎成微尘,你说这些微尘是不是很多?"

须菩提说:"很多,世尊。为什么呢?如果微尘很多是实有的话,佛就不会说微尘很多。为什么呢?佛说微尘很多,其实并非微尘很多,只是名为微尘很多。世尊,如来所说的三千大千世界,也是虚幻不实的,只是假名为三千大千世界而已。为什么呢?如果我们把这个世界看成是实有的,那么,它不过是很多微尘积聚而成的一个所谓整体,这个整体本身并没有独立的自性,因此并非一个实在的整体,只不过名为一个整体而已。"

"须菩提,这个积聚而成的整体,实际上是无法言说的。但一般的凡夫,不明白这个道理,所以才会对这样一个虚幻的整体执著。"

第三十一品　知见不生分

"须菩提，若人言，佛说我见、人见、众生见、寿者见，须菩提，于意云何？是人解我所说义不？"

"不也，世尊，是人不解如来所说义。何以故？世尊说我见、人见、众生见、寿者见，即非我见、人见、众生见、寿者见，是名我见、人见、众生见、寿者见。"

"须菩提，发阿耨多罗三藐三菩提心者，于一切法，应如是知、如是见、如是信解，不生法相。须菩提，所言法相者，如来说即非法相，是名法相。"

【白话译文】

"须菩提，如果有人说佛在说我见、人见、众生见、寿者见，须菩提，你觉得怎样呢？这个人理解我所说的道理吗？"

"没有,世尊,这个人没有理解如来所讲的道理。为什么呢?世尊说我见、人见、众生见、寿者见,并非是我见、人见、众生见、寿者见,只是名为我见、人见、众生见、寿者见。"

"须菩提,发无上正等正觉心的人,对于一切的法,应该这样了知,这样观察,这样信解,不起分别心。须菩提,所说的法相,其实都是虚幻不实的,只是名为法相。"

第三十二品　应化非真分

"须菩提，若有人以满无量阿僧祇世界七宝持用布施；若有善男子善女人发菩提心者，持于此经，乃至四句偈等，受持读诵、为人演说，其福胜彼。"

"云何为人演说？不取于相，如如不动。何以故？

一切有为法，

如梦幻泡影，

如露亦如电，

应作如是观。"

佛说是经已，长老须菩提及诸比丘、比丘尼、优婆塞、优婆夷，一切世间天、人、阿

xiū luó　　wén fó suǒ shuō　　jiē dà huān xǐ　　xìn shòu fèng xíng
修 罗，闻 佛 所 说，皆 大 欢 喜，信 受 奉 行。

【白话译文】

"须菩提，如果有人用充满不可胜数的世界的七宝来布施，而另有善男子善女人发心寻求彻底的解脱，受持、读诵、并且为别人解说这部经书，哪怕只是其中四句偈，所获得的福德远远胜过前面那个人。那么，应当如何为别人解说呢？应当不执著一切的法，如如不动。为什么呢？

一切有为法，
如梦幻泡影，
如露亦如电，
应作如是观。"

佛圆满地宣讲了这部经，须菩提以及在场的众多比丘（和尚）、比丘尼（尼姑）、优婆塞（在家修行的男子）、优婆夷（在家修行的女子），一切世间的天、人、阿修罗，听了佛的说法，皆大欢喜，切实奉行。

特别附录

明朝憨山大师
解读《金刚经》的本源

【金刚般若波罗蜜经】

金刚二字，解者都以坚利能断为义，此泛说也。然西域实有金刚宝。此宝最坚不可坏，且能坏一切物。谓取此宝以喻般若，能断烦恼。此虽近理，总非佛意，特寻常宿习知见耳。

盖般若，此云智慧，乃是佛的心，所谓佛智慧也。波罗蜜，义云到彼岸，乃指此心极尽处也。今题云金刚般若波罗蜜，标此经所说，特显佛一片金刚心耳。且金刚心乃佛修因证果之本心。今出世教化众生，全用此心。今教菩萨以金刚心为本修因，为入大乘之初门，故特示之以断疑也。以此心不是世间众生常情，故举世不能知佛。且佛原不是世间人，而今平空走到人间来，则人人见而生疑矣。及其日用行事，件件不与人同。说话不同，规矩不同。事事法法，与世间相反，故动而见疑。宜其诸天魔王皆欲害，调达阿阇皆要杀，而一切人皆生谤也。故曰：我出世间，一切天人阿修罗外道魔王，皆当惊疑，是也。不但天人生疑，即弟子中上首如迦叶等，举皆疑佛。以所说法，乍空乍有，乍是乍非，或赞或斥，或奖或呵，全无一定之言。而诸弟子，闻者皆疑而不信。故曰，将非魔作佛，恼乱我心耶？上首尚乃如此，则新学可知。以佛所说法，难信难解故。然佛出世，一番说法，则今已三十年矣，弟子犹且怀疑而不信。是则佛之含冤，盖已久矣。今日幸喜空生，有些见处，窥见世尊一斑，忽生赞叹。故世尊因其疑而决破之。乃披露自己一片金刚真心，表白与他，使其了悟不疑。令诸闻者，群疑顿断。故此经，乃佛的示自心，以断弟子学佛者之疑。不是说般若能断众生烦恼也。如其不然，但看经中一一皆是空生之疑，疑佛之心。佛表此心以破彼疑。何尝说以智慧断众生烦恼耶！故此经题，单是法，非以喻也。但断得弟子疑，就断得众生烦恼。此经一味只是断疑生信为主。以学道之人，以信为本，以疑作障。故疑有三种：谓疑人、疑法、疑己。疑人谓认人不真。即如弟子闻佛说色身法身，大身小身，不知那个是真佛。此疑人也。且其说法，方才说有，却又说空。方才说空，却又说不空。以其言不一，故最可疑。此疑法也。或有闻而能信，不疑于法。又见其法大，则疑自己根小，不堪领荷，不能修行。此疑己也。今此经中，三疑都有。佛随空生所疑处，即便逐破，顿断彼疑。所谓疑悔永已尽，安住实智中。此经之旨也。

此经，此方解者极多，都不合佛意。独西域天亲菩萨，以二十七疑分经，极是。但意出于圣人，而论传此方，已经翻译。且译人有巧拙不同，言不达意，反生滞碍，使学人难省。此微妙幽旨，非口所宣，一落言铨，便成渣滓。况著粗浮文字，何以达妙！此注述之难于描写佛心，不无救聱之丑。即如世人作行状，但可述事，不能传神。此其难也。故今决疑解，妙在先得空生之疑为主。若疑情全露，则佛破疑之说，不待解而自明矣。故此解先出疑，在本文之前。节节按迹而破之。忘言领悟，自得其宗。

【如是我闻：一时，佛在舍卫国祇树给孤独园，与大比丘众，千二百五十人俱。】

〖解〗此是佛住世说法仪式。诸说备释，此不繁衍。

【尔时，世尊食时，著衣持钵，入舍卫大城乞食。于其城中，次第乞已，还至本处。饭食讫，收衣钵，洗足已，敷座而坐。】

〖解〗此是佛住世家常过活。日用处动容，与众一般，更无别奇特。只是就里一点，与人不同，知之者希。

【时，长老须菩提在大众中，即从座起。偏袒右肩，右膝著地，合掌恭敬而白佛言："希有，世尊。"】

〖解〗如来住世日用寻常，与人一般。就里一点不同处，人人对面不知。今日忽被空生勘破。故叹曰希有！嗟乎！如来与诸弟子，周旋三十年矣，一向不知佛行履处。不知，故作等闲放过，只道与众人一般。所以凡佛所言，多疑而不信。若不是空生觑透，则终无知佛者耶。

【"如来善护念诸菩萨，善付嘱诸菩萨。"】

〖解〗此空生叹佛希有处。正是亲见如来此一片苦心也。菩萨乃学佛之弟子。即昔在小乘中，初发大乘心者，乃空乱意菩萨也。一向佛为护念此辈，更无别意，只是要付嘱此心耳。护念者，以佛出世本愿，只欲令一切众生与佛无异，人人成佛，方尽此心。但众生德薄垢重，心志怯弱，不能担荷。如婴儿一般。佛如慈母之护念婴儿，则无一息放下。种种周悉，调护爱念。故如保赤子。所谓护念，只欲一切众生直至成佛而后已，故曰付嘱。然不敢明言，但密密方便而将就之，故曰善。经云：我以无量无数方便，引导众生，欲令一切众生，皆悉到于一切智地。是谓护念付嘱。

【"世尊，善男子、善女人，发阿耨多罗三藐三菩提心，云何应住？云何降伏其心？"】

〖解〗此空生特问安心之法也。以初在小乘时，单肯自度，不肯度生。故心小。今蒙如来二十余年，多方淘汰，激起度生之心，故名大心众生。为菩萨。要令下化众生，将以上求佛果。此辈自肯利生，故曰发菩提心。此空生已信佛心矣。但见初发大心菩萨，未悟实相真空，与前所取偏空，二者难辨。以前小乘涅槃，可以取著安住其心。今既舍前空，而未得真空。所谓进无新证，退失故居，名空乱意。以一向执著名言，习气未忘，要有住著。又执著一定有佛果可求，将谓求至佛果，便是住处耳。且要上求佛果，必欲下化众生。众生度尽，方得成佛。而今满眼看见三千大千世界众生无量无边，几时能度得尽！众生不尽，如何得成佛果。以求住之心急，故此心不安，不能降伏。故空生特为请安住其心，降伏其心之方法耳。然空生已见佛心而叹希有矣，且开口单问此二语者，何也？以众心各谓世尊今日是已成之果矣，故我见世尊如此日用安心自在。即今初发心求佛果之人，其心不定，当如何安住，如何降伏耶？此问意也。安心者，如二祖侍达磨，乞安心法。磨云：将心来与汝安。祖云：觅心了不可得。磨云：与汝安心竟。然在祖师门下，一言便了，所以为宗。今世尊便说了许多安心之法，婆心漏逗，所以为教到底只是个觅心了不可得。故四祖以前，皆以楞伽印心。至黄梅六祖，皆以金刚印心。故此经文非文字相，不可作言语文字看，全在离言之妙。其经中，凡言于汝意云何，皆反征其疑也。以众心随语起疑，虽未吐露，而心已动念，谓之意言分别，正是名言习气耳。

【佛言："善哉！善哉！须菩提，如汝所说，如来善护念诸菩萨，善付嘱诸菩萨。汝今谛听，当为汝说。善男子、善女人，发阿耨多罗三藐三菩提心，应如是住，如是降伏其心。"】

〖解〗空生所问。意谓发心菩萨，不得似佛这等安心自在，将谓若求作佛，必须像佛日用行履一般，方才是佛。我观佛心如此安闲，而菩萨心不得安住，如何降伏使心安耶？佛答意云菩萨要求心安作佛，不必别求，只如汝会得我护念付嘱之心，其心自安，亦不必别样降伏。故云如汝所说，但得心安足矣，更何降伏耶！只当如此而已，故云如是。

【"唯然，世尊。愿乐欲闻。"】

〖解〗唯然者。空生直信佛心无疑矣。已见佛心似不必说，但诸菩萨未领其旨，更欲乐闻也。

【佛告须菩提："诸菩萨摩诃萨，应如是降伏其心"。】

〖解〗此佛指示安心之方法也。义在下文。前问安住降伏二事，今只许说降伏，不言安住者，以凡夫二乘，一向执著住处，此名言习气也。今趣进大乘者，先要遣此习气。以众生涅槃，俱非实法，皆不可得，但以名言为体耳。名言既舍，习气顿空。其心不待降伏，而自安恬寂灭矣。故但教降心，不言其住者，恐引习气。所谓狂心不歇，歇即菩提。但尽凡情，别无圣解。佛不以实法系著于人，故不言住。

【"所有一切众生之类，若卵生，若胎生，若湿生，若化生；若有色，若无色；若有想，若无想，若非有想，若非无想，我皆令入无余涅槃而灭度之。如是灭度无量无数无边众生，实无众生得灭度者。何以故？须菩提，若菩萨有我相、人相、众生相寿者相，即非菩萨。"】

〖解〗此世尊直示安心观法也。然菩萨发心，所求者佛果，所化者众生。二者而已。所以于心不安者，以未见众生如故。满目都是众生，何时方得度尽。众生不尽，则佛果难求。转见长远，因此其心不安。而汲汲不休，故求降伏此心。今佛教以度生之方，以观察无我为主。且菩萨所见众生之多，难尽度者，以有我相，则见人相。人人相对，则三千界内众生何限！且生生不已，宜怖其难尽也。殊未见众生本自如如耳。然众生虽多，总十二类。纵有无量，亦只十二。就十二类一一观之，收于胎卵湿化四生而已。四生之内，不过色心二法而已。在色则不过有色无色，论心亦不过有想无想。纵到极顶，则止于非有非无。如此十二，则尽众生界矣，又何多耶。况十二类，名为众生。众生色心，本是假合。既为假合，则众生本无。众生本无，但妄见有。苟以本无而观众生，则众生本自如如。众生既如，俱成寂灭。即此尽皆令入无余涅槃矣，又何难哉。净名云，一切众生毕竟寂灭，不复更灭。如此灭度无量无数无边众生，其实无一众生得灭度者。何以故？本无我故。以有我则有人，有人则有众生寿者。但有此四相，则不名为菩萨矣，何言度生。是故菩萨度生当观无我。无我则无人。既无我无人，则众生界自然寂灭。众生寂灭，则佛果非遥。又何怖其长远耶。是故菩萨当观无我。下文云：知一切法无我，得成于忍，此真菩萨也。

〖解〗佛教菩萨度生，以布施为本。其所施者，皆众生也。今众生皆空，则所作布施，谁为受者。故下文答云，菩萨布施，不必著众生相。

【"复次，须菩提，菩萨于法应无所住，行于布施。所谓不住色布施，不住声、香、味、触、法布施。须菩提，菩萨应如是布施，不住于相。"】

〖解〗此破著相之疑也。空生因闻众生皆空，则疑。谓众生既空，则菩萨布施，无有受者。以六尘非有，众生本空，故云应无所住。此教不可著众生尘相也。又伏疑云：若不住相，何以有福？故下答以离相之福更大。

【"何以故？若菩萨不住相布施，其福德不可思量。须菩提。于意云何？东方虚空可思量不？''不也，世尊。''须菩提，南西北方、四维上下虚空可思量不？''不也，世尊。''须菩提，菩萨无住相布施福德，亦复如是不可思量。"】

〖解〗此破著相之疑，示以离相妙行也。然菩萨布施，专为求福。若求福之心著相，则福不大。故世尊权指离相之福更大，使其安心。然著相布施，局于有相。而众生之相，一微尘耳。纵能获福，其福几何！今若正施众生时，不见有施者受者，亦不见有所施之物，如此三轮皆空，无相可住。不住相之福，其福不可思议矣。故以虚空喻之。

【"须菩提，菩萨但应如所教住。"】

〖解〗此结示安心之法也。前问心不能安住，故须降伏。世尊教以降伏之方，只是以观无我为主。无我则无人，人我两忘，则自心寂灭。自心寂灭，则一切众生皆寂灭矣。众生既寂，则佛不必求。此则驰求心息，取舍情忘，内外皆空，一心不动。是则名为安心之法，故结云如。

〖解〗前以布施作福，下化众生，只为上求佛果。今既众生相空，三轮体寂，是则因为虚设矣。无相之因，何以上求有相之果乎？况现见如来身相宛然，不是无相之因可得。此以相见如来也。故佛破云。

【"须菩提,于意云何?可以身相见如来不?""不也,世尊。不可以身相得见如来。何以故?如来所说身相,即非身相。"佛告须菩提:"凡所有相,皆是虚妄,若见诸相非相,即见如来。"】

〖解〗此直指无相妙行也。空生由闻无相之因,遂疑此因,不能求有相之佛果。是以相见如来也。此乃著佛应化之相,未见法身真体。世尊征破见相。空生领旨。故佛直告不可以相见如来。以如来所说之身,即法身也。故云非身。然法身亦非有相,即于诸法相上,见其非相,即见如来矣。不是如来法身,舍诸法之外,别有一相状也。此则无相之因,契无相之果。明矣。

〖解〗若以无相之因,契无相之果。此义甚深,难信难解。遂疑。

【须菩提白佛言:"世尊。颇有众生,得闻如是言说章句,生实信不?"佛告须菩提:"莫作是说,如来灭后,后五百岁,有持戒修福者,于此章句,能生信心,以此为实。当知是人,不于一佛、二佛、三、四、五佛,而种善根,已于无量千万佛所种诸善根。闻是章句,乃至一念生净信者。须菩提,如来悉知悉见,是诸众生得如是无量福德。何以故?诸众生,无复我相、人相、众生相寿者相。无法相,亦无非法相。何以故?是诸众生,若心取相,则为著我人、众生、寿者。若取法相,即著我、人、众生、寿者。何以故?若取非法相,即著我人众生寿者,是故不应取法,不应取非法。以是义故,如来常说汝等比丘,知我说法,如筏喻者。法尚应舍,何况非法。"】

〖解〗此直示佛之知见也。由前空生初执有相之因，佛以不住相布施破之。复疑无相之因，不能契有相之果，盖执佛有相状也，佛以法身非相破之。是以无相之因，契无相之果，明矣。如此，则因果俱空，人法双泯，此义甚深，难信难解。故疑问佛，不知可有人，能信此法不？颇，犹可也。言说章句，即指前无相因果之说。佛答谓岂无其人。但信此法者不是寻常之人，乃是持戒修福者，方能信耳。此人亦非于一佛二佛三四五佛而种善根，盖从无量千万佛所而种善根者。所谓久种深根，乃能信耳。此等大根众生，即一念信心，我悉知见其所得福，已无量矣。此无相之福，胜过有相所求之福。明矣。何故契无相者，能得多福耶？盖此众生。无复我人众生寿者之相矣。不但无此四相，即一切有无诸相，悉皆空矣。故云无法相，亦无非法相。以此众生，心不取相故，一切皆离。苟一念取著法非法相，即著四相。以不取相故，心境皆空，得福殊胜之若此耳。此是如来真知见力。故我教菩萨，不应取法非法相。何以故？以一入此法，则人法皆空，顿离诸取，便起诸有矣，岂细事哉。故我常教弟子，当舍法也。然舍法即舍情，情忘则智圆矣。故曰：法尚应舍，何况非法。

〖解〗空生因闻佛说佛非色相，法不可取。遂起疑云，若佛与法，二皆无相，是无佛无法矣。争奈现见佛成菩提，现今说法，何以言无。此疑佛自语相违也。故下按破。

【"须菩提，于意云何？如来得阿耨多罗三藐三菩提耶？如来有所说法耶？"须菩提言："如我解佛所说义，无有定法，名阿耨多罗三藐三菩提,亦无有定法如来可说。何以故?如来所说法,皆不可取、不可说,非法,非非法。所以者何?一切贤圣,皆以无为法而有差别。"】

〖解〗此双遣佛法知见也。空生心中才萌有佛有法之念,所谓意言分别也。含而未吐,佛逆破之。故召而诘之曰:于意云何?谓汝意下作何分别耶?且佛菩提,果有所得耶?如来果有所说法耶?此审而诘之,以勘其意。空生领旨,故陈其悟。谓已解佛说,原无定法,即是菩提;亦无有定法,如来可说。此空生深领如来不取之旨。不但如来,即一切贤圣,皆以无为法有差别故,故非可取。此开权显实之意,已露一斑矣。

〖解〗空生已领无佛无法之旨。但不知契无为者,如何得福殊胜。故下如来以离相破之。

【"须菩提,于意云何?若人满三千大千世界七宝,以用布施,是人所得福德,宁为多不?"须菩提言:"甚多,世尊。何以故?是福德即非福德性,是故如来说福德多。""若复有人于此经中,受持乃至四句偈等,为他人说,其福胜彼。何以故?须菩提,一切诸佛,及诸佛阿耨多罗三藐三菩提法,皆从此经出。须菩提,所谓佛法者,即非佛法。"】

〖解〗此以无相之福,以显无相之法为最胜也。空生已悟无相之理。但不知契无相之理,得无相之福。此福如何胜彼有相耶?故佛先以有相布施,较量其福,不如持四句偈之福殊胜者,以一切诸佛，皆从此般若而出生故。故云，般若是诸佛母，所以福大。如俗所云，母因子贵故也。是则般若乃是能出生佛、法者。而般若本非佛、法也。故云。所谓佛、法者，即非佛、法。

〖解〗既法无可说，佛无可成，俱不可得矣。且世尊昔日，为我等声闻，说四谛法，乃是法也。我等依之而修，是得果也。我等依涅槃而住，此有所住也。如何世尊一切皆非。此大众意言分别也。故世尊逆举小果，逆问空生，而代破之。

【"须菩提，于意云何？须陀洹能作是念：我得须陀洹果不？"须菩提言："不也，世尊！何以故？须陀洹名为入流，而无所入，不入色、声、香、味、触法，是名须陀洹。""须菩提，于意云何？斯陀含能作是念：我得斯陀含果不？"须菩提言："不也，世尊。何以故？斯陀含，名一往来，而实无往来，是名斯陀含。""须菩提。于意云何？阿那含能作是念：我得阿那含果不？"须菩提言："不也，世尊。何以故？阿那含，名为不来，而实无不来，是故名阿那含。""须菩提，于意云何？阿罗汉能作是念：我得阿罗汉道不？"须菩提言："不也，世尊。何以故？实无有法，名阿罗汉。世尊，若阿罗汉作是念：我得阿罗汉道，即为著我、人、众生、寿者。世尊，佛说我得无诤三昧，人中最为第一，是第一离欲阿罗汉。世尊，我不作是念：我是离欲阿罗汉。世尊，我若作是念：我得阿罗汉道，世尊则不说须菩提是乐阿兰那行者。以须菩提实无所行，而名须菩提，是乐阿兰那行。"】

〖解〗此的示无住真宗也。大众因闻佛不可求，法非可取，斯则进取无可住矣。争奈世尊昔日，教我声闻，令离生死，安住涅槃，非无法无果可住也。而今世尊何以言佛法皆非。此小乘未忘名言习气，执有实法，难入般若，故多起疑。世尊假空生之悟，为众旁通，故举昔果逆征之曰。于意云何，谓于汝意下如何也？梵语须陀洹，此云入流。入，逆也。谓逆生死流也。然言逆流，但约不入六尘名为逆，非是实有此可逆，有彼可入而住之也。斯陀含，此云一往来。谓有欲界一品残思，但只消一来欲界断之，则从此长往矣。此亦非有来往实住处也。阿那含，此云不来。谓永不来欲界受生。如此而已。亦非有不来之处可住也。阿罗汉，此云不生。以见彼诸法，一切皆无，实无诸法，一心不生。如此而已。亦未尝作念，我是阿罗汉。亦非有住可之罗汉地也。若阿罗汉自己作念，认著我是罗汉，此则与众生知见一般，即著四相矣。空生以己验之。即如世尊每每称我得了无净三昧，又赞我是人中最上之人，又说我是第一离欲阿罗汉。蒙世尊如此极口称赞，然我自忖己心，并不曾一念生心，执著我是离欲罗汉也。若我有此念，世尊则不说我是乐寂静行者。以我而观，昔日涅槃元无住处。足知如来菩提，必无可住之理矣，复何疑哉。此决佛果有住之疑。下决佛定有成之疑。

【解】闻上开示。佛果无住，明矣。既果无所成，争奈现见如来，从燃灯受记。是则佛定有成。既有可成之佛，岂无可住之果。下答以无所得。

【佛告须菩提："于意云何？如来昔在燃灯佛所，于法有所得不？""不也，世尊。如来在燃灯佛所，于法实无所得。"】

〖解〗此示究竟无得之旨也。以闻无住之谈，已悟菩提无住。遂疑菩提虽无住，而佛果必定是有成。若佛无成，如何传授。故世尊逆问空生而决之。以燃灯佛虽云授记，但印契此心而已，实无所得。若有所得，则燃灯必不与我授记。

〖解〗菩提无住，佛果无得，如此，则不必庄严佛土矣。而世尊何以教我行菩萨行，庄严佛土耶？

【"须菩提，于意云何？菩萨庄严佛土不？""不也，世尊。何以故？庄严佛土者，即非庄严，是名庄严。""是故须菩提，诸菩萨摩诃萨，应如是生清净心，不应住色生心，不应住声、香、味、触、法生心，应无所住而生其心。"】

〖解〗此直示安心之法也。空生疑谓佛既无成，涅槃无住。若如此又何须庄严佛土耶？执此疑者，谓度生之行，实要庄严佛土，如修寺一般，此执相之愚也。故世尊逆问空生，菩萨果有庄严佛土不？空生领旨。答言即非庄严，是名庄严。何以明之。然而佛土者，净土也。且此净土，岂可以七宝累砌而为庄严也。以众生所见秽土，乃恶业庄严，种种苦具。在诸佛所居净土，但以清净觉心，净彼诸染，染业既空，则土自净。是以清净心而为庄严。然此庄严，非同彼也。故曰即非庄严，是名庄严。如此看来，菩萨庄严佛土，不假外来，只是自净其心。心净则土自净。故曰，但应如是生清净心而已，不必别求庄严也。

〖解〗既云清净，如何生心？佛言：清净如何生心。但不当生六尘染心而已。非有清净可住而生心也。所谓执谢情忘，净心自现。故曰：应无所住而生其心。三祖云：莫逐有缘，无住空忍。此为无住生心安心之法，妙不过此。故六祖一闻，言下顿悟。

〖解〗既不庄严佛土，是无佛土也。且千丈大身之佛，又何所居耶？此疑报身必居实土。

【"须菩提，譬如有人，身如须弥山王，于意云何？是身为大不？"须菩提言："甚大，世尊。何以故？佛说非身，是名大身。"】

〖解〗此示法身真土也。因闻佛土非可庄严，遂疑报身必居实土。若不庄严，向何居住。佛以法身非身破之。意谓非土之土，常寂光也。非身之身，乃法身也。法身非相，真土无形。然身既不可以相见，而土又何可以庄严耶！此从离六尘相，离心缘相以来，所破群疑，直至身土皆空，心境双绝，始是般若极则，以显法身无住之理。故开导至此，理极忘言。但有信此法者，其福无量。故下较量福德。

【"须菩提，如恒河中所有沙数，如是沙等恒河，于意云何？是诸恒河沙，宁为多不？"须菩提言："甚多，世尊，但诸恒河尚多无数，何况其沙。""须菩提，我今实言告汝：若有善男子、善女人，以七宝满尔所恒河沙数三千大千世界，以用布施，得福多不？"须菩提言："甚多，世尊。"佛告须菩提："若善男子、善女人，于此经中，乃至受持四句偈等，为他人说，而此福德胜前福德。复次，须菩提，随说是经，乃至四句偈等，当知此处，一切世间天、人、阿修罗，皆应供养，如佛塔庙。何况有人尽能受持、读诵。须菩提，当知是人成就最上第一希有之法，若是经典所在之处，则为有佛，若尊重弟子。"】

〖解〗此以喻法显殊胜也。说四句之福，胜河沙七宝者。以此法，乃最上第一希有之法。以此四偈，即法身全体故。如佛住世，与弟子宣说无二故也。前显法身已圆。群疑顿破，言忘理极。故空生领旨，遂请结经名。

【尔时，须菩提白佛言："世尊，当何名此经？我等云何奉持？"佛告须菩提："是经名为《金刚般若波罗蜜》，以是名字，汝当奉持。所以者何？须菩提，佛说般若波罗蜜，即非般若波罗蜜，是名般若波罗蜜。"】

〖解〗此指归般若实际也。空生领悟，般若全体已露，更无余法，故问结经名。世尊但告之曰：是经名为金刚般若波罗蜜。意谓此法无名，但此心耳。又问如何奉持。告以即以此心奉持此法。以心本非心，而法亦非法。故曰般若即非般若波罗蜜。前未闻此法时，其心未安，故初请降伏。以所知所见，满目尘镜，生佛迥然，净秽殊途，取舍异趣，故其心不安，难以降伏，特起种种疑情。初疑众生难度，则告以众生本空。又疑佛果难求，则告以佛不必求。次疑布施难周，则告以三轮空寂。次疑佛土难严，则告以心净则严。次疑报身无寄，则告以法身无依。到此空生伎俩已穷，群疑冰释。佛心已尽披露，无复遗余。所以闻者心安自降伏矣。故问结经名。世尊不以实法赘人，但名此心而已。故以此结之。下文乃单示法身极则，所谓百尺竿头更进一步。只须具金刚眼，始得极尽相应。故空生感悟流涕，赞叹难量。似久客还家，宜其见慈母而生悲泣也，直至不可思议而后已。

【"须菩提，于意云何？如来有所说法不？"须菩提白佛言："世尊，如来无所说。"】

〖解〗空生已悟法身之理。遂疑法身非相，谁当说法。此计法有所说也。故佛征诘。乃悟身既非身，法亦无说。

〖解〗法身非相，然非相即堕断灭。断灭无相当于何处见法身耶？众有此疑，故佛征破。

【"须菩提，于意云何？三千大千世界所有微尘，是为多不？"须菩提言："甚多，世尊。""须菩提，诸微尘，如来说非微尘，是名微尘。如来说世界非世界，是名世界。"】

〖解〗此示诸法虽空，不入断灭也。闻说法身非相，遂疑堕断灭。断灭则无处觅法身矣。世尊示以尘尘刹刹皆法身也。故诘之曰：三千大千世界所有微尘是为多不？答言甚多。若以微尘世界而观，则满目尘境万象枞然；若以非微尘世界而观，则一道虚间，真空冥寂。所谓寂灭灵虚，寄森罗而显象。纵横幻境，在一性而融真。所以青青翠竹，总是真如。郁郁黄华，无非般若。山河及大地,全露法王身。要见法身,须具金刚正眼始得。故曰世界非世界是名世界。

〖解〗所闻法身非相方名为佛。若非相是佛,即今现前三十二相之佛岂非佛耶?此认化身为真佛也。下以法化一体破之。

【"须菩提,于意云何?可以三十二相见如来不?""不也,世尊。不可以三十二相得见如来。何以故?如来说三十二相,即是非相,是名三十二相。"】

〖解〗此示法、化冥一也。莫谓有相非佛。即今三十二相,本非有相,相即非相,则应身即法身矣。到此三身一体,身土皆空,理极情忘,言词相寂。故但赞叹能契此理,转教之者其福无量。

【"须菩提,若有善男子、善女人,以恒河沙等身命布施。若复有人,于此经中乃至受持四句偈等,为他人说,其福甚多。"】

〖解〗此显法空胜益也。世尊显理已极,群疑已破,四相顿空,我执既亡,法身独露。故世尊较量布施恒沙身命之多,不若深心受持四句偈为他人说,其无相之福真不可量矣。空生全领此旨,感激未闻,故涕泪悲泣赞叹希有。此正前云善护念善嘱咐者以此故也。

(已前领悟。已下陈情。)

【尔时，须菩提闻说是经，深解义趣，涕泪悲泣而白佛言："希有，世尊。佛说如是甚深经典，我从昔来所得慧眼，未曾得闻如是之经。世尊，若复有人得闻是经，信心清净，即生实相，当知是人成就第一希有功德。世尊，是实相者，即是非相，是故如来说名实相。世尊，我今得闻如是经典，信解受持不足为难。若当来世后五百岁，其有众生得闻是经，信解受持，是人即为第一希有。何以故？此人无我相、人相、众生相、寿者相。所以者何？我相即是非相，人相、众生相、寿者相、即是非相。何以故？离一切诸相，即名诸佛。"佛告须菩提："如是、如是。若复有人得闻是经，不惊不怖不畏，当知是人甚为希有。何以故？须菩提，如来说第一波罗蜜，即非第一波罗蜜，是名第一波罗蜜。"】

〖解〗此印契佛心入佛知见也。若空生辈诸小乘人与诸众生皆执相之徒也。即佛出世以来二十余年，所说诸法未曾离相，恐生惊疑，故寱而教之，多方淘汰，至今方始露出本心。何以故？以佛本愿，欲令一切皆趣大乘究竟之地故。今将引昔小乘发大乘心，特以此金刚心地为本修因，故先用此心断彼群疑，令生正信。故此般若乃入大乘之初门，为菩萨发觉之初心，所谓护念付嘱者此心也。以小乘弟子一向未闻，而今始闻之。从昔未解，而今始悟之。如失乳儿忽遇慈母。所以空生一闻感激涕零，宜其然也。故赞叹希有。前叹希有，乃忽尔觑见世尊此一片心，尚未备闻其说。今蒙世尊吐露，重重逐破，消尽群疑，此真希有之心也。盖从昔已来所未闻者，诚希有之法也。空生自陈已悟。又激发同辈意谓我闻而悟自谓希有矣，若再有一人闻而能信自心清净如此者，则实相现前，诸妄消灭。此人亦自希有之人矣。何以故？以离相之法最难信解故也。且我辈亲见如来。虽是难信，然闻佛妙音，即信解亦不难。若佛灭后去圣时遥，后五百岁，五浊恶重，魔强法弱之时，能信此法者，甚为难也。苟有能信者，则为第一希有之人也。何以故？以此人能离四相故。然四相本是如如，了此即见法身矣。故曰：能离一切相，即名为佛。此真希有也。世尊闻说乃印许之曰：如是，如是，诚如所说。以此法大机小，闻者皆生惊疑怖畏故也。苟闻而不惊疑怖畏者，甚希有也。以我所说，不在言故。故曰：即非第一，是名第一。

〖解〗前言布施，乃六尘受用之物，外施也。一向难舍已舍，即舍亦要求福，世尊已教不许住相，已说无相之福更大。既而又说，不但七宝布施，不比无相之福。即将恒沙身命布施之福，亦难比之。以身命内施也。故空生遂疑谓外施可忘，身命难舍，如何能舍耶。世尊逆知其意。故特说忍辱行以破之。割截身体而不嗔恨，则我空矣。此是当机疑意如此。其经中密意，乃世尊密破菩萨我法二执。然我执即五蕴身心，且此五蕴身有假名，有实法。前破假名，今以割截身体验破五蕴实法也。

【"须菩提，忍辱波罗蜜，如来说非忍辱波罗蜜，是名忍辱波罗蜜。何以故？须菩提，如我昔为歌利王割截身体，我于尔时无我相、无人相、无众生相、无寿者相。何以故？我于往昔节节支解时，若有我相、人相、众生相、寿者相，应生嗔恨。须菩提，又念过去于五百世作忍辱仙人，于尔所世，无我相、无人相、无

【众生相、无寿者相。是故,须菩提,菩萨应离一切相,发阿耨多罗三藐三菩提心。不应住色生心,不应住声、香、味、触、法生心,应生无所住心,若心有住,即为非住。是故,佛说菩萨心不应住色布施。须菩提,菩萨为利益一切众生故,应如是布施。如来说一切诸相,即是非相;又说一切众生即非众生。"】

〖解〗此破五蕴实法,结答云何应住之问也。空生一闻身命布施,不达五蕴本空,遂疑而不信,甚以为难。谓外施七宝,不住于相,犹可能也。若舍身命,则不能矣。不舍身命,则我相未空。既然著相,难契真空,故世尊特说忍辱之行。当歌利王割截身体之时,若我四相未忘,则生嗔恨矣。所以不嗔者,以达五蕴本性空故。所谓割水吹光,湛然不动者,以离一切相也。是故我教菩萨当离一切相发菩提心者,不应住于六尘生心,应当生无所住之心也。此结前文总会离相之旨,以答云何应住之问也。又示之曰:若心有住,则心境俱妄,则为非住。是故佛说菩萨不应住于色相而行布施者此也。然菩萨既为利益一切众生,应当如是布施,方为妙行,不可执著别生臆见也。以如来说一切相,皆是真如。说一切众生即是真如。所以前云:若见诸相非相,即见如来。故结示云诸相即是非相,众生即非众生。

〖解〗既云不住于相,则一切皆空。空即能证之智亦空无体矣。无体之法,安可作因而取果耶?答意诫令但当谛信佛言,是如来自证境界,决不虚妄。

【"须菩提,如来是真语者、实语者、如语者、不诳语者、不

异语者。须菩提，如来所得法，此法无实无虚。"】

〖解〗此结令谛信也。空生闻佛所说因果皆空，疑谓果空则不必用因。因空则不能得果。今因中行施，况不住生心，则无实果可证矣。世尊诫以但当谛信佛言，不必多起疑念，以如来所得之法非实非虚，不可以执著之情而求之也。以此破之。

〖解〗不住相布施生心，即此不住生心。何以得合般若？下答破。

【"须菩提，若菩萨心住于法而行布施，如人入暗，则无所见。若菩萨心，不住法而行布施，如人有目，日光明照，见种种色。"】

〖解〗此示无住之益也。有住之心，属于无明，为心境障故。如人入暗，一无所见。无住之心诸障尽撤，人我两忘，如日升天，朗照万象。故此无住之心，即真实般若，佛所证者，此心而已。

〖解〗且此无住之心，纵是般若，如何能契佛心？下答破。

【"须菩提，当来之世，若有善男子、善女人，能于此经受持读诵，即为如来。以佛智慧，悉知是人，悉见是人，皆得成就无量无边功德。须菩提！若有善男子、善女人，初日分，以恒河沙等身布施；中日分，复以恒河沙等身布施；后日分，亦以恒河沙等身布施，如是无量百千万亿劫，以身布施，若复有人，闻此经

典，信心不逆，其福胜彼，何况书写、受持、读诵、为人解说。"】

〖解〗此示心佛平等也。空生之疑将谓己智不能契合佛智。佛意般若无文字，文字即般若。然我说此经，即全体般若。但有人能信受者，则为妙契佛智。而佛以本智，了知其人无量功德矣。此一念顿契佛心之功德，纵使一日三时以恒沙身命布施功德其福固多，但不若有一念信心，随顺般若而不逆者，可谓善入佛慧矣。其福更大。何况书写受持读诵，为人解说。

（下赞般若殊胜）

【"须菩提，以要言之，是经有不可思议、不可称量无边功德。如来为发大乘者说，为发最上乘者说。若有人能受持、读诵、广为人说，如来悉知是人，悉见是人，皆得成就不可量、不可称、无有边、不可思议功德。如是人等，即为荷担如来阿耨多罗三藐三菩提。何以故？须菩提，若乐小法者，著我见、人见、众生见、寿者见，即于此经不能听受、读诵、为人解说。"】

〖解〗此赞般若独被上上根人。前屡言著四相故粗，今言著四见故细。

【"须菩提，在在处处，若有此经，一切世间天人阿修罗，所应供养。当知此处，即为是塔，皆应恭敬，作礼围绕，以诸华香而散其处。"】

〖解〗此赞般若法身常住。

【"复次，须菩提。善男子、善女人受持读诵此经，若为人轻贱，是人先世罪业应堕恶道。以今世人轻贱故，先世罪业则为消灭，当得阿耨多罗三藐三菩提。"】

〖解〗此赞般若有离障出缠之益。不但灭罪，且得胜果。

【"须菩提，我念过去无量阿僧祇劫，于燃灯佛前，得值八百四千万亿那由他诸佛，悉皆供养承事，无空过者。若复有人于后末世，能受持读诵此经，所得功德，于我所供养诸佛功德，百分不及一，千万亿分，乃至算数、譬喻所不能及。须菩提，若善男子、善女人于后末世，有受持读诵此经，所得功德，我若具说者。或有人闻，心则狂乱，狐疑不信。须菩提，当知是经义不可思议，果报亦不可思议。"】

〖解〗此赞悟般若者，一念顿生佛家。生生世世，永不离佛。故此功德最为殊胜也。后世末法之中，有能信者，其功更大。以此般若之德，不可思议，故果报亦不可思议。从初问云何应住，云何降伏其心以来，通破凡夫中大心众生修菩萨行者所执之疑。然所执我法二执有粗有细。已前破粗二执。以所执五蕴身心为我执，我所作为缘尘六度之行欲求菩提者为法执。然此二执，皆著相故。是破初发心菩萨未悟般若者之疑，但意显下不见有众生可度也。此后乃破微细我法二执。是已悟般若之菩萨，但执有能证之智为我，有所证真如为人，能证能悟为众生，证悟未忘潜续如命为寿者。而此四相最极微细，故为微细二执。所谓存我觉我。故向下发挥但标我字。若破此我执，则上不见有佛果可求也。经文与前问同意别，观者应知。

【尔时，须菩提白佛言："世尊，善男子、善女人，发阿耨多罗三藐三菩提心，云何应住？云何降伏其心？"佛告须菩提："若善男子、善女人，发阿耨多罗三藐三菩提心者，当生如是心：我应灭度一切众生，灭度一切众生已，而无有一众生实灭度者。何以故？须菩提，若菩萨有我相、人相、众生相、寿者相，则非菩萨。所以者何？须菩提，实无有法，发阿耨多罗三藐三菩提心者。"】

〖解〗从此以下，征破微细我法二执也。经初问云何应住，云何降伏其心者，以初发心菩萨，乃凡夫中大心众生始发度生之心，故种种著相，以依著自己五蕴色身修行。其所行布施，乃执著六尘粗物而求福果；其所求菩提，乃执著化佛色相之身；其土乃宝物庄严之土。种种所行，皆不离相，故去般若远甚。空生起疑，被佛重重破斥，直至一切色相皆离，方契真如般若实智。而空生已悟，大众疑消。此经文不可思议。已前半卷皆此意也。其所破我依凡夫见起，即五蕴色相之我，其四相皆粗。今此经文以下乃是破已悟般若之菩萨，但能证之智未忘，以此执著为我，此是存我觉我之我，乃微细我法二执，四相皆细，故此经中标出一我字为首。但云我应灭度众生，更不言布施，是知功行已圆，唯有生佛之见未泯耳，故前粗后细。问：然此细智为我，而又问云何应住，云何降伏其心，与前问意同者何也？答：此问住，盖此菩萨已离五蕴，但习气未忘，故于真如智中亦求安住。且急急欲求菩提，执谓菩提有所住处。求而不得，其心不安，故问降伏，此求佛之心未安，以生佛之见未泯，不达平等一如耳。问同意别。故世尊破云发菩提者，当作此观：我灭度一切众生已，实无有一众生得灭度者。以众生本自如如，不待更灭，若执有灭度，则著四相，非菩萨矣。此不见有众生可度也。然生佛本来平等，若众生既无可灭，而此中实无有法，可容菩萨发心求菩提者。何以故？以众生本自寂灭，即是菩提，又何容其更求耶，此不见有佛果可求也。

〖解〗既无实法可得菩提，且我所悟之般若岂非法耶？即世尊于燃灯佛所，因得此法，乃得成佛，岂非得菩提耶？何言无法可得？故下破之。

【"须菩提，于意云何？如来于燃灯佛所，有法得阿耨多罗三藐三菩提不？""不也，世尊！如我解佛所说义，佛于燃灯佛所，无有法得阿耨多罗三藐三菩提。"佛言："如是如是！须菩提，实无有法，如来得阿耨多罗三藐三菩提。须菩提，若有法如来得阿耨多罗三藐三菩提者，燃灯佛即不与我授记，汝于来世，当得作佛，号释迦牟尼。以实无有法，得阿耨多罗三藐三菩提，是故燃灯佛与我授记，作是言，汝于来世，当得作佛，号释迦牟尼。"】

〖解〗此示菩提无得,以破执佛之疑也。空生疑佛于燃灯佛所,实有法可得。世尊展转逐破妄计,正显实无一法可得。

〖解〗谓般若之法,乃成佛真因。今云无法,则无因矣。无因如何得菩提果?下以法身不属因果破之。

【"何以故?如来者,即诸法如义。若有人言,如来得阿耨多罗三藐三菩提。须菩提,实无有法,佛得阿耨多罗三藐三菩提。须菩提,如来所得阿耨多罗三藐三菩提,于是中无实无虚,是故如来说一切法,皆是佛法。须菩提,所言一切法者,即非一切法,是故名一切法。须菩提,譬如人身长大。"须菩提言:"世尊,如来说人身长大,则为非大身,是名大身。"】

〖解〗此显法身不属因果也。空生不达法身真体,不属因果,乃执定如来有修有得。故佛以无所得破之矣。犹恐不悟,乃直示之曰:何故言菩提无所得耶?以如来者,非色相之称,乃是诸法当体如如之义耳。且诸法本自如如,岂假修为证得耶?故我说菩提实无有法容佛可得。宗门谓向上一路三世诸佛不许觑著,觑著则眼瞎,以此中无你取觅处故也。如来菩提并无甚奇特,但于诸法不起断常颠倒见耳,故言无实无虚。以一切法,皆非法故。若知大身非身,则知诸法非法。

〖解〗因闻实无有法容其发心,遂疑云以我有此度生之法,方名菩萨。既无有法,何以得菩萨之名耶。下以无法无我破之。

【"须菩提,菩萨亦如是,若作是言,我当灭度无量众生,则不名菩萨。何以故？须菩提，实无有法，名为菩萨。是故佛说一切法，无我、无人、无众生、无寿者。须菩提，若菩萨作是言，我当庄严佛土，是不名菩萨。何以故？如来说庄严佛土者即非庄严，是名庄严。须菩提，若菩萨通达无我法者，如来说名真是菩萨。"】

〖解〗此示法身无我例破菩萨微细二执也。空生执有法度生方名菩萨。世尊告以实无有法以遣法执。恐疑无法度生如何庄严佛土，故世尊示以常寂光土不假庄严，以遣住心破我执。此二无我也。苟不达此埋，则非真菩萨矣。故云通达无我、法者，如来说名真是菩萨。

〖解〗若菩萨不见众生可度，无土可净，如此如来要五眼作么？下约知众生心为眼，非实有五眼破之。

【"须菩提，于意云何？如来有肉眼不？""如是，世尊，如来有肉眼。""须菩提，于意云何？如来有天眼不？""如是，世尊，如来有天眼。""须菩提，于意云何？如来有慧眼不？""如是，世尊，如来有慧眼。""须菩提，于意云何？如来有法眼不？""如是，世尊，如来有法眼。""须菩提，于意云何？如来有佛眼不？""如是，世尊，如来有佛眼。""须菩提，于意云何？如恒河中所有沙，佛说是沙不？""如是，世尊，如来说是沙。""须菩提，于意云何？如一恒河中所有沙，有如是沙等恒河，是诸恒河，所有沙数，佛世界如是，宁为多不？""甚多，世尊。"佛告须菩提："尔所国土中，所有众生，若干种心，如来悉知。何以故？如来

说诸心,皆为非心,是名为心。所以者何?须菩提,过去心不可得,现在心不可得,未来心不可得。"】

〖解〗此示心、佛、众生三无差别也。空生疑佛具五眼,将谓有法可见,有世界众生当情。世尊告以所具五眼非眼也。但约见众生心为眼耳。且如恒沙世界,无量众生,若干种心,如来悉知悉见者,以众生乃如来自心之众生。故众生凡动一念,即如来自心动也,如何不知不见耶。又疑众生心有生灭,如来心亦生灭耶?故世尊言此中众生心本自如如,了无生灭。与如来心寂灭平等故。如来众生湛然不动,绝无生死去来之相。所谓心佛与众生,是三无差别,故三际求心了不可得。

〖解〗世尊一往破执,谓无土可严,无生可度。恐空生闻而转计,将谓生土皆空,则布施无福,亦不必修矣。故世尊以无福之福,其福甚大破之。

【"须菩提,于意云何?若有人满三千大千世界七宝,以用布施,是人以是因缘,得福多不?""如是,世尊,此人以是因缘,得福甚多。""须菩提,若福德有实,如来不说得福德多,以福德无故,如来说得福德多。"】

〖解〗此示无相之福也。空生执著有相布施,将谓实有福德。殊不知能施六尘本空,则所得福德非有。故世尊以福德无故福德多破之。所言无者,非绝无也。以心量如空,故得福益大。

〖解〗空生因闻不许住相度生严土,遂起疑云:且度生严土乃成佛之因，所感万德具足庄严之果。今云无生可度，无土可严，是绝无因也。又云：无菩提可证，是无果也。因果皆绝，是无佛矣。即今现见如来具足色相，又从何而有耶？故佛以不应具足色相见如来破之。

【"须菩提，于意云何？佛可以具足色身见不？""不也，世尊。如来不应以具足色身见。何以故？如来说具足色身，即非具足色身，是名具足色身。""须菩提，于意云何？如来可以具足诸相不？""不也，世尊，如来不应以具足诸相见。何以故？如来说诸相具足，即非具足，是名诸相具足。"】

〖解〗此破执报身色相之见，以显法报冥一也。具足色身者，万德庄严报身佛也。以多劫度生庄严佛土，感此果报以酬因故，如来说具足色身，且此报身本法身也，故云，即非具足色身，法报冥一，故云是名具足色身。此破所见之相，下破能见之见。以报身即法身，故无相可见。智体如如，故见病消亡，境智冥一，故法身自显。凡言是言非者，皆遮救之辞也。恐落是非窠臼，故左右遮之遣之。故如来说法本无可说，但遮护众生之心病，不容起见，遣其执情，令不住著，如此而已。学者应知。

〖解〗空生闻说佛本无相可见，遂疑既无身相，谁当说法？故佛以无可说破之。

【"须菩提，汝勿谓如来作是念：'我当有所说法'。莫作是念，何以故？若人言如来有所说法，则为谤佛，不能解我所说故。须

菩提，说法者，无法可说，是名说法。"】

〖解〗此破报身如来有所说法之疑也。如来出世本无法可说，但就众生所执之情，随宜而击破之，唯一字而已。凡曰非，曰不，乃遮止之辞。以遮止众生之妄想耳。正是护念之意也。故曰：是名说法。

〖解〗空生已悟法身之理无说无示。以此法甚深。但未来众生，不知可能信受不？故起此疑。向下以无众生破之。

【尔时，慧命须菩提白佛言："世尊，颇有众生，于未来世，闻说是法，生信心不？"佛言："须菩提，彼非众生，非不众生。何以故？须菩提，众生众生者，如来说非众生，是名众生。"】

〖解〗此示生法一如，以破众生见也。空生妙悟法身，已能信能受矣。第此法甚深，不知可有众生于未来世，能信此法不？此空生生灭之见未亡，故起未来众生之见。世尊答以众生本如，与法平等，何有未来之相耶！以众生如如，三际平等，此实般若究竟之极则也。彼非众生等六句，谓众生本自如如，故曰彼非众生。以真如随缘而成众事，故曰非不众生。乃复释之曰：所言众生，乃是真如随缘，众法和合而相生。故云众生者，以假名众生。故如来说非实是众生，以非实有生，是故名为众生耳。

〖解〗法身无相无法可得，如何言修一切善法，证得菩提耶？下以无得平等破之。

【须菩提白佛言:"世尊,佛得阿耨多罗三藐三菩提,为无所得耶?"佛言:"如是如是!须菩提,我于阿耨多罗三藐三菩提,乃至无有少法可得,是名阿耨多罗三藐三菩提。复次,须菩提,是法平无有高下,是名阿耨多罗三藐三菩提。以无我、无人、无众生、无寿者,修一切善法,即得阿耨多罗三藐三菩提。须菩提,所言善法者,如来说即非善法,是名善法。"】

〖解〗此破佛法见也。空生已悟法身清净,无法可得。翻疑佛说修一切善法而得菩提是有得也。岂如来菩提果无所得耶?佛言实无所得。以生佛平等,无二无别,即是菩提,如此而已。岂实有所证得耶。所言修善法而得菩提者,但以离四相而修。以修即无修,故得亦无得。以无所得故,是名真善法也。

〖解〗善法既非,何法为胜?下以达般若者,最为殊胜。

【"须菩提,若三千大千世界中,所有诸须弥山王,如是等七宝聚,有人持用布施;若人以此《般若波罗蜜经》,乃至四句偈等,受持读诵,为他人说,于前福德百分不及一,百千万亿分,乃至算数譬喻所不能及。"】

〖解〗此赞般若离相之功最胜也。且修善法不得菩提,是则善法非殊胜矣,又以何法为殊胜耶?佛言达般若者,最为殊胜。三千世界中,有百亿须弥山,以七宝等此,可谓多矣。以此布施之福,不如达般若四句之福。以彼执相,贪求利益故。般若离相,故超胜无量,非喻可及。

〖解〗空生闻前说生佛平等。然既平等则无众生矣，何言如来当度众生？是有我人之相也。下以人我两忘破之。

【"须菩提，于意云何？汝等勿谓如来作是念，我当度众生。须菩提，莫作是念，何以故？实无有众生如来度者。若有众生如来度者，如来即有我、人、众生、寿者。须菩提，如来说有我者，则非有我。而凡夫之人以为有我。须菩提，凡夫者，如来说即非凡夫，是名凡夫。"】

〖解〗此破佛有人我之疑以显法身真我也。所云生佛平等，平等则无佛无众生，何言我当度众生耶？众生人也，我度众生则有我矣。人我宛然则四相不泯，此正宗门所谓得到法身边，未透法身向上句也。故世尊以言遣之。故云勿谓如来我有度生之念。我有此念，即是凡夫。然如来说凡夫，尚非凡夫，岂可如来尚存我见耶！此则圣凡俱泯，一道齐平，般若玄旨，于斯极矣。

〖解〗法身既非有我，报身不可以相见，即今三十二相，岂非佛耶？

【"须菩提，于意云何？可以三十二相观如来不？"须菩提言："如是如是，以三十二相观如来。"佛言："须菩提，若以三十二相观如来者，转轮圣王则是如来。"须菩提白佛言："世尊，如我解佛所说义，不应以三十二相观如来。"尔时世尊而说偈言："若以色见我，以音声求我，是人行邪道，不能见如来。"】

【解】此示应化非真,以显法身离相也。空生已悟法身无我,报身非相,是为真佛。遂疑现见三十二相是何佛耶?是有佛见也。世尊诘之曰:果可以三十二相见如来乎?空生执以三十二相必定是佛。世尊以转轮圣王破之。遂悟不可以三十二相观如来。世尊示之以离相偈云:若以色见我,以音声求我,是人行邪道,不能见如来。

【解】空生闻说法报无相,应化非真,故起法身断灭之见,以不达法身真我故,佛以不断灭破之。

【"须菩提,汝若作是念,如来不以具足相故,得阿耨多罗三藐三菩提。须菩提,莫作是念,如来不以具足相故,得阿耨多罗三藐三菩提。须菩提,汝若作是念,发阿耨多罗三藐三菩提心者,说诸法断灭。莫作是念,何以故?发阿耨多罗三藐三菩提心者,于法不说断灭相。须菩提,若菩萨以满恒河沙等世界七宝,持用布施;若复有人,知一切法无我,得成于忍,此菩萨,胜前菩萨所得功德。何以故?须菩提,以诸菩萨不受福德故。"须菩提白佛言:"世尊,云何菩萨不受福德?""须菩提,菩萨所作福德,不应贪著,是故说不受福德。"】

【解】此破断灭见也。空生闻说当以离相见佛,遂起断灭见。谓如来不以具足相故得菩提。佛教之曰:莫作是念。若作是念,则说诸法断灭矣。然发菩提心者,于法不说断灭相,但说知一切法无我而已。若复有人知一切法无我,得成于忍,此菩萨胜过满恒沙界七宝布施之功德,以不受福德故也。所言不受者,非绝无也，但不贪著福德耳。所谓无作无造无受者，善恶之业亦不亡。世尊出世，说法四十九年，止说一无字而已。以九界众生，通执一切法有我，如来但以无字破之。此金刚正眼，直观向上一路。故宗门单传直指，唯从此入。

〖解〗既言无我无受福者，则现见如来行住坐卧，岂非如来之我耶？此乃三身一异之见未泯，未悟平等法身故也。

【"须菩提，若有人言：如来若来、若去、若坐、若卧，是人不解我所说义。何以故？如来者，无所从来，亦无所去，故名如来。"】

〖解〗此会归法身真际也。空生向以威仪动静者为如来。此特去来之见耳，如来岂有去来耶。至此执谢情忘，动静不二，如如实际，妙极于斯。但一异之见未忘，三身一体之义未契。故下以微尘世界破之。

【"须菩提，若善男子、善女人，以三千大千世界，碎为微尘。于意云何？是微尘众，宁为多不？"须菩提言："甚多，世尊。何以故？若是微尘众实有者，佛即不说是微尘众。所以者何？佛说微尘众，即非微尘众，是名微尘众。世尊，如来所说三千大千世界，即非世界，是名世界。何以故？若世界实有者，则是一合相。如来说一合相，即非一合相，是名一合相。""须菩提，一合相者，即是不可说，但凡夫之人，贪著其事。"】

〖解〗此破一异见也。空生未契三身一体，故世尊以微尘世界非一非异示之。言微尘则非一，世界即非异。微尘聚而为世界，即异而不异。世界散而为微尘，即一而不一。由是观之，一异之相，了不可得。以不可得，故非实有也。若实有一异之相，即为一合相矣。一合者边见也，以合一即不能异，合异即不能一故。若微尘实有，即不能聚而为世界。若世界实有，则不能散而为微尘。愚夫以此为一合相。如来说一合相则不然，以离二边，故名一合。二边既离，即是不可说矣。但凡夫之人不能远离有无一异二边，贪著其事，故不能达三身一体，平等法身之理也。

〖解〗既平等法身一切皆非即不可见，又何以佛说有四相见耶？故下伏破。

【"须菩提，若人言，佛说我见、人见、众生见、寿者见。须菩提，于意云何？是人解我所说义不？""不也，世尊，是人不解如来所说义。何以故？世尊说我见、人见、众生见、寿者见，即非我见、人见、众生见、寿者见，是名我见、人见、众生见、寿者见。""须菩提，发阿耨多罗三藐三菩提心者，于一切法，应如是知、如是见、如是信解，不生法相。须菩提，所言法相者，如来说即非法相，是名法相。"】

〖解〗此破执有离相之见也。空生已悟平等如如法身之理。遂疑法身之体，既不可以相见，如何世尊说离四相之见耶？佛恐空生伏怀此疑，故诘之曰：假若有人言世尊说有四相之见者，汝谓此人解我所说之意不？空生遂悟佛意。答言此人不解如来所说义。何以故？以世尊说有四相之见者，非是实有相见可指说也，将为遣有相见者之执情耳，故曰非。此非字与诸非字不同。前屡言非，皆不是之义。今此非字乃遣绝之辞，谓遣众生心中所执之相见耳。非佛说有此相见，乃众生之相见耳。故曰是名。此是名二字亦与屡说者不同，宜深观之。盖一切众生迷倒于相见之中，所执坚固难破，故佛以金刚心智以逐破之，令见本智法身真体。初执见有五蕴身心及六尘相，故著相行施以求佛福德，世尊以无住破之。次执有菩提相，佛以无所得破之。次执布施有庄严佛土相，佛以无土可严破之。次执福德以感报相，佛以非具足色身破之。次执如来定有三身相，佛以应化非真、报身离相破之。次执定有法身相，佛以法身非相破之。次执法身定有实我相，佛以一切法无我破之。次执如来定有三身相，佛以非一非异破之。重重逐破，一切皆非，诸相销亡，一心无寄，理极情忘，直指法身实际。以所见之妄相既空，则能见之妄见亦泯。此真实般若究竟极则，直透法身向上一路。故佛诫之曰：发菩提心者，于一切法应如是知，如是见，如是信解，不生法相。到此始是真知真见真信真解，则永不起一切法相知见矣。斯则人法双忘，圣凡俱泯，言语道断，心行处灭。举心即错，动念即乖。故复遣之曰：所云法相，亦非法相，始是真实法相，非妄见者可比也。般若玄旨，妙极于斯。

〖解〗空生已悟法身全体，遂疑法身不会说法，其说法者，乃化身耳。且化身所说之法，不达法身境界。如何持此法者，得福德耶？以下化身所说，即真实法。以三身一体故。

【"须菩提，若有人以满无量阿僧祇世界七宝，持用布施；若有善男子、善女人，发菩提心者，持于此经，乃至四句偈等，受持读诵，为人演说，其福胜彼。云何为人演说？不取于相，如如不动。"】

〖解〗此示化身佛说如如法也。空生疑化身佛所说之法，不到法身境界，如何得福？佛言：化身说即法身说，以三身不异故。即于此法能持四句，为人演说，其福最胜，以不取于相如如不动故，到此尘说刹说炽然说也。

〖解〗法身寂灭，如何寂而能说？下示正观。以般若空寂，从假观人，从假人空，故名真空。以假即真故。

【"何以故？一切有为法，如梦幻泡影，如露亦如电，应作如是观。"】

〖解〗此入般若真空妙观也。以真空冥寂，藉假而观，若六喻观成，则真空自现。一往俱显理体，此则正示观法。诸修行人当从此入，法身真境，极尽于斯。

【佛说是经已，长老须菩提，及诸比丘、比丘尼，优婆塞、优婆夷，一切世间天、人、阿修罗，闻佛所说，皆大欢喜，信受奉行。】

〖解〗此结经常规也。凡所闻欢喜，必妙契于心，契则信之真受之切，而奉行不虚矣。